NOTA DO AUTOR:

Este livro foi escrito com personagens e histórias fictícios.

Qualquer semelhança com pessoas ou fatos reais será mera coincidência.

Sumário

Capítulo 1 .... p.9
LUCRO: O SEGREDO DOS MILIONÁRIOS

Capítulo 2 .... p.17
FIQUE PRÓXIMO DOS "NÚMEROS"

Capítulo 3 .... p.25
FOCO NO "CAIXA"

Capítulo 4 .... p.33
O PODER DA MARCA

Capítulo 5 .... p.41
CUSTOS: "VIGÍLIA 24 HORAS"

Capítulo 6 .... p.49
REMUNERE SOBRE O LUCRO, E NÃO SOBRE AS VENDAS

Capítulo 7 .... p.57
O NEGOCIADOR

Capítulo 8 .... p.63
O ESTRATEGISTA

Capítulo 9 .... p.71
O MEDIADOR

Capítulo 10 .... p.77
UM GRANDE ALIADO: A SUA MENTE

Capítulo 11 .... p.85
CONSTRUINDO UM IMPÉRIO

Capítulo 12 .... p.93
POR QUE A SUA EMPRESA EXISTE?

Capítulo 13 .... p.101
O VENDEDOR DE SONHOS

Capítulo 14 .... p.107
MENTOR DE NEGÓCIOS: A CHAVE PARA O SEU SUCESSO

Capítulo 15 .... p.113
OS "SÓCIOS"

Capítulo 16 .... p.119
ATIVE O CÉREBRO DA EQUIPE

Capítulo 17 .... p.127
"ESTOQUE DE DINHEIRO"

Capítulo 18 .... p.133
CONSTRUINDO UMA FORTUNA

Capítulo 19 .... p.141
A PERSISTÊNCIA

Capítulo 20 .... p.149
FOCO NA SOLUÇÃO

Capítulo 21 .... p.157
VOLTE ÀS ORIGENS

Capítulo 22 .... p.165
DIFERENCIAL COMPETITIVO

Capítulo 23 .... p.173
CONSELHEIROS

Capítulo 24 .... p.181
O SUCESSOR

Capítulo 1

LUCRO: O SEGREDO DOS MILIONÁRIOS

Nova York. Sexta-feira, 09 de julho de 2014. Por volta das 14h00, um homem aparentando ter 50 anos, vestindo um terno cinza, saiu apressadamente da estação de metrô *Columbus Circle*. Caminhou pela *59th Street* e entrou no *Central Park* por uma das principais portarias. De lá, seguiu pelo interior do parque pela *Center Drive*. Seus passos eram cada vez mais rápidos.

Durante o percurso, fez três ligações através do seu celular. O calor o estava sufocando pela velocidade com que caminhava e pelas roupas que vestia. Andava cada vez mais rápido. Assim que chegou na *Transverse*, uma rua que corta o *Central Park*, recebeu uma mensagem para ligar urgentemente para um dos seus diretores.

— James, recebi sua mensagem. Precisa falar comigo agora?

— Eu gostaria, até porque o assunto é muito importante.

— Neste momento estou dentro do Central Park. Vou para o escritório do meu advogado, mas se é importante, por favor, diga então o que é!

— Vou ser rápido. Faturamos 20 milhões de dólares neste mês e não temos um centavo em caixa. Nos últimos três anos tem sido desta forma. Não está sobrando dinheiro algum na conta da empresa. Estou

preocupado. Steve, você é o dono do negócio. Sou seu principal diretor. Preciso somente alertá-lo!

Steve desligou o telefone. Parou de andar. Sentou no primeiro banco que viu dentro do parque. Abaixou a cabeça. O suor descia pelo rosto. Era visível seu semblante de preocupação. Já havia recebido este tipo de alerta do seu diretor em outras ocasiões. Ficou ali por 10 minutos.

O sol já o castigava. Fez mais duas ligações. Seguiu andando e chegou na *5th Avenue*. Inesperadamente, mudou o percurso. Não foi para o escritório do seu advogado. Seguiu até a *Madison Avenue* e tomou um ônibus sentido oeste da Ilha de *Manhattan*. Desceu na *86th Street*. Caminhou a pé até a livraria *Barnes & Noble*. Dirigiu-se até o banheiro. Lavou o rosto, voltou e sentou-se em uma das poltronas. Estava cansado e preocupado. Na verdade, desgastado. Buscava um momento de paz.

Enquanto descansava, seus olhos passeavam através da janela do andar superior da livraria. Ali estavam os prédios mais caros de *Nova York*. Um apartamento naquela região beirava, tranquilamente, a faixa de 10 milhões de dólares.

A vendedora da loja aproximou-se:

— *Deseja alguma coisa, senhor?*

Steve respondeu:

— *Por enquanto não. Agradeço.*

Assim que a vendedora deu-lhe as costas, ele perguntou:

— *Há algum livro aqui sobre empresários de sucesso?*

— *Temos vários! O senhor tem algum em mente?*

— *Não. Fique a vontade, caso queira indicar algum.*

Pouco tempo depois, a vendedora retornou com um livro em mãos. O título era: "O poder do lucro no mundo dos negócios".

— *Quanto é?*

— *50 dólares.*

— *Um pouco caro, não?*

— *Pelo conteúdo, acho que é barato, pois todo mundo está comprando. Nas duas últimas semanas vendemos, somente nesta loja, quase 1.000 exemplares.*

Steve saiu com o livro debaixo do braço. Antes mesmo de deixar a livraria, começou a ler. Apanhou o primeiro táxi. Dentro do táxi, não se conteve e foi direto ao primeiro capítulo: "Para ganhar dinheiro com uma empresa, não pense em faturamento, e sim, pense em lucro".

Durante o trajeto entre o *Central Park* e seu escritório, ele simplesmente devorou o primeiro capítulo do livro. O trecho dizia claramente que a maior parte dos empresários que construíram fortunas são aqueles focados em lucro, e não em faturamento. O capítulo deixava claro que muitos empresários foram à falência pelo simples fato de quererem faturar, e nunca se concentraram em lucrar.

Quando o táxi parou no semáforo da *2nd Avenue* com a *47th Street*, ele fechou o livro. Lembrou-se do seu pai que havia ido à falência mesmo com a empresa vendendo bastante, mas estava vendendo com prejuízo, e não lucro.

O sinal abriu. O táxi avançou. Ele continuava sua intensa leitura do livro mesmo dentro do carro.

Chegou em seu escritório. Foi para sua sala, pegou uma pasta e, imediatamente, partiu para casa. Devorou o livro no final de semana.

...

Segunda feira. Quase 07h00 da manhã. Steve chegou ao escritório e foi direto para sua sala. Retirou do armário uma pasta em que guardava recortes de matérias com grandes empresários feitas por uma renomada revista de negócios. Uma delas era do milionário judeu Salomon Miller. A matéria deixava muito clara a principal característica deste milionário: "Somente entrava em negócios que davam lucro".

— *Veja, James, esta matéria que eu havia guardado. Grandes milionários somente colocam tempo e energia em negócios que dão dinheiro!* – falou para o seu diretor.

— *Entendo, Steve. Por isso minha ligação para você na sexta-feira à tarde. Era para alertá-lo que você não está ganhando dinheiro com seus negócios.*

— *Você é meu principal diretor. Diga-me, o que realmente temos que fazer para ganhar dinheiro?*

— *Steve, acho que você é muito focado em faturar. Você, como dono, deveria preocupar-se em ganhar dinheiro e não em faturar.*

— *Como assim?*

— *Você não se preocupa com lucro! Somente pensa em faturar!*

— *Sim, concordo. Mas também preciso faturar.*

— *Mas o fato de você pensar somente em vender acaba colocando a sua energia e a nossa somente em vender também, e acabamos esquecendo dos custos.* – respondeu seu diretor.

Steve pediu um café para sua assistente.

— *Acho que nos preocupamos com o custo sim.*

— *Mas não da forma com que deveríamos nos preocupar. Se focarmos em lucro, automaticamente nossa mente começará a pensar nos custos.*

Seu diretor ainda insistiu:

— *Raras são as vezes em que falamos sobre redução de custos aqui na empresa. Trabalho com você há sete anos e posso contar quantas vezes falamos de redução de custos!*

Steve foi pego de surpresa. Ficou calado e depois respondeu:

— *Acho que você está certo.*

— *Steve, você, como dono, tem que colocar seu foco e energia em negócios que dão dinheiro!* – disse seu diretor.

— *Dê um exemplo.*

— *Sua rede conta hoje com 23 lojas. Há lojas que são totalmente deficitárias. Algumas não têm qualquer perspectiva de lucro. Outras, não têm potencial. Não há motivos para mantê-las conosco. Vamos vendê-las. Isso acaba tomando nosso tempo, nossa energia e, principalmente, o lucro das outras!*

A reunião terminou ali. Steve agradeceu seu diretor James pelas orientações.

Semanas depois, Steve almoçava com um dos seus melhores amigos, o empresário Bob Malone, no restaurante *Balthazar* na região do *SoHo*, em *Manhattan*. Steve contou tudo que passava na sua empresa e também a conversa que teve com seu diretor.

— *Está esperando o que para agir?* – perguntou seu amigo durante o almoço. *Liderança é atitude. Você é o dono. Se quiser mudar algo na sua empresa, terá que exercer a sua liderança!* – complementou.

...

04 de agosto, segunda-feira. Quase 30 dias depois, Steve começou uma verdadeira revolução na empresa. Reuniu-se com seus diretores e contadores. Das 23 lojas, resolveu fechar 10. A reação dos diretores foi de espanto, mas a decisão estava tomada. Estabeleceu que, dali

para frente, cada loja pagaria os gerentes e vendedores pelo lucro, e não por faturamento. As metas foram traçadas por lucros. Todos também teriam metas para redução de custos. As metas de redução de custo seriam implantadas em todos os setores da empresa. A palavra faturamento também seria abolida dos relatórios. Um verdadeiro tratamento de choque nos negócios.

Então, perguntou na reunião para seus diretores:

— *Vocês sabem o que a maioria dos milionários tem em comum?*

Todos os diretores ficaram quietos. Não tinham respostas. Steve, então, respondeu:

— *Eles têm uma verdadeira obsessão pelo controle de custos, e é isso que teremos daqui pra frente!*

Steve destruiu os mapas de vendas. Distribuiu para todos o "mapa de lucros".

— *Uma empresa não vive de vendas, e sim de lucro. Daqui pra frente, vamos focar nossas equipes de vendas nos produtos onde o lucro é maior!* – repetiu ele para os seus diretores.

Várias pessoas se revoltaram com tais mudanças. Mas ele deixou bem claro:

— *Daqui pra frente será desta forma!*

Havia se lembrado do almoço com seu amigo no restaurante *Balthazar*. Recordou que ele era o líder, e que se alguém tivesse que mudar alguma coisa, seria ele.

...

Um ano e meio depois.

Dois homens jantavam no luxuoso restaurante do hotel *Ritz Carlton*, em frente ao *Central Park*, na noite do dia 31 de dezembro de 2015.

— *Como é a vida. Ano passado estava desesperado com meus negócios e hoje estou aqui. Quero muito agradecer por aquela sexta-feira em que ligou para mim.* – disse um deles.

— *Fico contente com o seu reconhecimento, mas nada desta reviravolta seria possível se você não tivesse sido firme no comando. A única pessoa que pode mudar uma empresa é o dono, e você, como tal, mudou tudo. Não entendo por que a maioria dos empresários demora tanto para mudar as coisas. Você foi rápido e estancou o prejuízo na hora certa. Qualquer empresário que não está vendo dinheiro com o seu negócio, tem que agir rápido como você.*

Eles, então, levantaram a taça de champanhe e disseram:

— *VIVA O LUCRO NO MUNDO DOS NEGÓCIOS!*

Capítulo 2

FIQUE PRÓXIMO DOS "NÚMEROS"

Noite de dezembro de 2009. Hotel *Waldorf Astoria*. Um encontro de empresários da cidade de *Nova York* acontecia naquele suntuoso hotel. Estavam presentes cerca de 300 donos de empresas de todos os ramos de atividade. Uma festa luxuosa, com *drinks* e comidas do mais alto nível. Os homens vestiam *smoking* e as mulheres usavam vestidos caros das melhores grifes. Quase todos os presentes tinham um patrimônio superior a U$ 1 milhão de dólares.

Por volta das 22h00, um automóvel *Lincoln* preto estacionou em frente à entrada que dava acesso diretamente ao salão de festas do hotel. Do carro saiu o empresário e descendente de italiano, Franco Bettega. Estava sozinho e trajando um *smoking* preto. Cumprimentou o porteiro, deixou a chave para o mesmo estacionar seu carro e dirigiu-se ao salão de festas.

Acenou para várias pessoas. Parecia ser bem conhecido. Um homem aproximou-se dele e disse bem próximo ao seu ouvido:

— *Temos uma mesa reservada para nós, chefe.*

Franco foi para a mesa que estava reservada para ele e seus dois diretores. 15 minutos depois, um dos diretores disse em um tom baixo e olhando para a mesa:

— *Sei que estamos em um jantar, mas preciso lhe dizer algo.*

— *Amanhã nos falamos. Estamos em uma festa, vamos aproveitar!* – respondeu Franco.

— *Franco, sei que não é hora, mas tenho que lhe dizer algo que estou segurando a semana inteira.*

— *Então fale!*

— *Sua empresa está quebrada. Você está falido!*

Franco parou. Ficou quieto. Estupefato. Sentiu um nó na garganta.

— *Como assim?*

Seu diretor, então, falou bem próximo do seu ouvido:

Não temos dinheiro para pagar nossos funcionários daqui a dois dias. Passei o dia todo tentando um empréstimo, alguém que pudesse nos ajudar, mas não consegui nada. Entendeu agora? Você acabou de descer de um *Lincoln*, está usando um relógio *Rolex* e não temos dinheiro para pagar nossos funcionários. Como você queria que eu esperasse até amanhã?

Depois de dar a notícia, o diretor levantou-se e foi embora. Cinco minutos depois, Franco também saiu e foi diretamente para sua casa.

Assim que chegou em casa, foi direto para seu quarto.

— *Por que está com essa cara de chateado?* – perguntou sua esposa.

— *Coisas da vida de um empresário.* – respondeu ele.

Dia seguinte. Franco levantou às cinco horas da manhã. Tomou seu café. Seguiu em direção à empresa. No caminho, ligou para seu amigo, Vitor Manzini.

— *Vitor, posso passar na sua empresa para conversar contigo?*

— *Estou de saída, Franco. Pode ser outra hora?*

— *Preciso falar com você agora. Por favor, me atenda!*

— *Ok, pode vir.* – respondeu Vitor.

Quinze minutos depois, Franco estacionou seu carro de frente a empresa do amigo.

— *Vitor, agradeço por me receber. Gostaria de conversar em particular com você!*

Os dois saíram do escritório, atravessaram a rua e entraram em um café que ficava na frente da empresa.

— *Sinto incomodá-lo a este horário, mas preciso de você!*

— *O que deseja, Franco?*

— *Minha empresa está sem nada no caixa. Preciso urgentemente de dinheiro. Tenho vários compromissos e preciso de dinheiro!*

Vitor ficou calado. Após um tempo, se manifestou:

— *Fique aqui no café, já retorno.*

Ele, então, foi até a empresa. Demorou cerca de 10 minutos e retornou:

— *Franco, preciso ser sincero. Realmente não poderei lhe ajudar. Sinto muito.*

— *Tem certeza?*

— *Sim. Nós nos conhecemos há 20 anos. Jamais deixaria de lhe ajudar, mas infelizmente não consigo lhe emprestar dinheiro neste momento.*

Franco ficou cabisbaixo, mudo. Levantou-se, agradeceu a atenção do amigo e despediu-se.

Entrou em seu carro e partiu rumo ao centro financeiro de *Nova York*. Assim que chegou na *Canal Street*, parou no *Bank Of America*.

Entrou pelo subsolo. Estacionou o carro, passou pela recepção e foi diretamente falar com o gerente da sua conta.

Conversaram durante 40 minutos. Franco explicou toda sua situação. Implorou para que o gerente liberasse mais crédito. Precisava pagar seus funcionários.

A certa altura da conversa, o gerente disse:

— *Vou até a sala do meu diretor e volto já!*

Franco ficou mais angustiado, apreensivo. Dez minutos depois, o gerente retornou:

— *Faremos um último empréstimo.*

Franco assinou os papéis e o dinheiro foi creditado imediatamente na conta da sua empresa.

Voltou para o escritório mais aliviado. No caminho, pensou: *"Estou refém dos bancos há muitos anos".* Isto lhe incomodava.

— *Sua esposa acabou de ligar.* – disse a recepcionista, assim que ele entrou no escritório.

— *Por favor, ligue para ela e transfira a ligação para mim.* – pediu Franco.

Sua esposa falou durante cinco minutos. Explicou que haveria no hotel *Sheraton*, naquela noite, uma palestra com um dos maiores gurus da administração dos *Estados Unidos*.

— *Não acredito em palestrantes!* – disse Franco.

— *Oras, dê uma chance para você mesmo. Você precisa melhorar!* – respondeu ela.

— *Preciso pensar.*

— *Franco, por favor, vá assistir a palestra. Você precisa ouvir outras pessoas!* – finalizou a esposa.

...

Hotel *Sheraton, Nova York. Times Square, 7th Avenue*, 20h00. Os participantes aglomeravam-se no *foyer*, de frente ao auditório principal, na área de eventos. Um coquetel era servido. Garçons elegantemente vestidos serviam os participantes. Recepcionistas muito bonitas cuidavam do credenciamento. Havia, pelo menos, cinco ou seis stands para venda de livros. Precisamente às 20h30, a porta do auditório principal foi aberta. Um luxuoso salão, com piso de carpete vermelho, cadeiras em tom rosa e cinco grandes lustres no centro aguardavam os participantes. Franco entrou e dirigiu-se à primeira fila. Mais de 300 participantes estavam presentes para assistir a palestra do consultor Phil Jones.

Phil começou sua apresentação mostrando os segredos das empresas bem-sucedidas e orientando todos os empresários presentes. Sua fala, aos poucos, foi envolvendo a plateia.

— *Quero deixar claro para vocês quais são os maiores desafios de um empresário. Nunca deixe sua empresa no piloto automático. Há empresários que deixam suas empresas no piloto automático achando que nada poderá mudar o percurso delas. Alguns somente percebem isso quando o avião começa a cair! Recomendo aos senhores, nesta noite: jamais deixem que isso aconteça com seus negócios! Uma das maiores lições que deixarei para vocês no dia de hoje é: não se afastem dos números da sua empresa. Muitos empresários afastam-se dos números e depois não sabem o porquê de estarem em um período turbulento.*

A palestra durou 50 minutos. O palestrante despediu-se do público e agradeceu aos organizadores.

Enquanto as pessoas saíam do auditório, Franco ficou sentado, refletindo sobre as palavras do conferencista. Permaneceu ali por 20 minutos. O salão já estava vazio. Estava sozinho, sem barulho algum.

Uma mão bateu no seu ombro:

— *O senhor vai ficar aqui a noite toda?* – perguntou a faxineira, querendo limpar o local.

— *Desculpe, estou me retirando.*

Na volta para casa, as palavras do conferencista não saíam de sua mente, principalmente a frase: "Um dos maiores desafios de um empresário é não afastar-se dos números".

...

Três dias depois, Franco estava em seu escritório:

— *Cláudia, peça para o Jordan trazer os números dos últimos 90 dias.* – disse para sua secretária.

— *Sr. Franco, aqui estão os relatórios. Fiquei um pouco surpresa, pois o senhor já não os solicitava há mais de um ano!*

— *Eu sei, Cláudia. Cometi algo que nenhum empresário deve fazer. Afastei-me dos números.*

Franco começou a folhear os relatórios e sentiu uma certa preocupação. Não se conformava de ter ficado afastado dos números por tanto tempo. Entre uma xícara e outra de café, começava a transpirar cada vez mais. Estava preocupado.

Caminhou até o ar-condicionado e o colocou no máximo para esfriar. Nada adiantava, pois sabia que havia cometido um dos maiores "pecados" que um empresário pode cometer: afastar-se dos números.

Sentou-se novamente em sua cadeira. Com a cabeça baixa e as mãos no queixo, abriu a gaveta da sua mesa e puxou uma folha que estava guardada há muito tempo.

Começou a reler o que havia escrito anos atrás, em uma reunião de negócios com outros empresários. A primeira frase resumia tudo que estava passando em sua cabeça naquele momento: "Não se importe em fazer uma micro gestão. Não interessa o tamanho da sua empresa. Delegue, mas não se ausente 100%".

Franco sentiu-se mal neste momento. Este era o motivo da tal "caída" da sua empresa. Então, guardou o papel novamente. Fechou a gaveta e saiu em direção a sua casa.

...

Seis meses depois.

Domingo. O céu estava mais bonito do que nunca. As pessoas estavam nas ruas aproveitando aquele dia maravilhoso de verão. Dois amigos empresários caminhavam pelo *High Line Park*, considerado o "Jardim Suspenso" de *Nova York*.

— *Jack, tive uma série de problemas com minha empresa no começo do ano. E o motivo disso tudo foi ter me afastado dos números. Deixei as coisas no piloto automático.*

— *O que você está fazendo, então, de diferente?* – perguntou o amigo de Franco.

— *Voltei a acompanhar tudo de perto. Onde quer que eu esteja, acesso o fechamento do mês, despesas, taxas bancárias, faturamento, lucro, etc. Eu achava que isso era função dos meus assessores. De fato é. Porém, somente a parte operacional, mas a parte estratégica é minha. A função de um proprietário é olhar tudo. Espero nunca mais passar pelo que passei.*

— *E já está colhendo frutos com isso?*

— *Muitos, pois agora não sou pego de surpresa em nenhuma situação. Antes eu tinha surpresas não agradáveis na minha empresa. Como agora acompanho tudo de perto, não tenho mais surpresas. Independente de estar em uma situação boa ou não, não há mais surpresas para mim como dono de empresa.*

— *E o que lhe fez mudar essa sua gestão?*

— *Uma palestra que assisti no hotel Sheraton!* – respondeu Franco.

O amigo, então, parou a caminhada. Olhou para Franco e disse:

— *POR FAVOR, VOCÊ SABE ME DIZER QUANDO SERÁ A PRÓXIMA PALESTRA?*

Capítulo 3

FOCO NO "CAIXA"

Manhã de quarta-feira. Três homens entraram no escritório da imobiliária *Manhattan Properties*. Pediram para falar com o proprietário da empresa, *Roger Cooper*. Apresentaram-se como gerentes do *NYC Manhattan Bank*.

— *Precisamos falar com o Sr. Roger urgentemente.*

Os funcionários ficaram preocupados. Foram pegos de surpresa. Os homens tinham uma pasta com vários documentos e uma ação de execução pronta para dar entrada no fórum contra o proprietário da imobiliária. Foram acomodados em uma sala de reunião. Roger chegou em 10 minutos. Entrou, fechou a porta e sentou-se junto a eles.

— *Precisamos receber o que deve ao nosso banco. Dentro da minha pasta há uma ação de execução que podemos protocolar ainda hoje.* – disse um dos advogados.

— *Sinto muito. Não tenho como pagar. Neste momento, a empresa está sem caixa.* – respondeu Roger.

A conversa se complicou ainda mais quando um dos homens disse:

— *Não podemos esperar mais!*

Explicaram que não teriam mais tempo. Todas as tentativas de negociação já haviam sido esgotadas. Tinham chegado ao limite.

Precisariam agir.

— *Sr. Roger, somente temos promessas de pagamento, mas nada concreto da sua parte.*

Um mal estar se instalou por completo. Os homens não estavam satisfeitos com as respostas de Roger. Levantaram-se. Um dos homens colocou sob a mesa uma cópia da ação de execução e disse:

— *Até breve!*

Roger acomodou-se em sua cadeira. Não se conformava com o que havia acabado de acontecer. Estava com 49 anos de idade. No silêncio da sua sala, pensou: *"Meu nome sempre foi mencionado no mercado como uma pessoa de sucesso. Tornei-me um dos homens mais poderosos neste ramo. Sou temido pelos meus concorrentes pela força que tenho em vender empreendimentos com valores superiores a dois milhões de dólares. Por que estou nesta situação?".*

Foi até o seu armário. Pegou algumas revistas que guardava com matérias e entrevistas que participou. Abriu um livro onde o autor dedicou um capítulo inteiro a ele. Releu também uma carta que seu pai havia enviado, agradecendo a ajuda que sempre lhe dava. Estava abatido com a situação.

...

Três dias depois, uma carta chegou ao escritório de Roger. Do lado de fora do envelope estava escrito: "CONFIDENCIAL e URGENTE".

Roger abriu a carta. Deparou-se com uma notificação do seu principal fornecedor, o jornal que utilizava para fazer os anúncios da sua imobiliária. O jornal exigia o pagamento das faturas em aberto.

— *É o jornal que mais traz retorno para os nossos anúncios.* – disse Roger para sua gerente financeira. Quanto temos no caixa, Elizabeth?

— *Não temos nada, Sr. Roger.* – respondeu a funcionária.

— *Temos alguns recebíveis para adiantar junto ao banco?*

— *Também não temos.*

— *Há algum cheque pré-datado de cliente para que possamos adiantar esse valor?*

— *Sinto em dizer que não temos mais nenhum cheque de cliente.*

Roger levantou-se, foi até a janela, olhou as ruas movimentadas de *Manhattan*. Ao fundo, do lado esquerdo, era possível avistar o *Central Park*.

Ficou em silêncio por dois minutos. Bebeu um copo de água. Voltou para sua mesa.

— *Beth, o que você está dizendo é que não temos caixa algum. É isso?*

— A verdade é essa. Temos que encarar. Já tentei de todas as formas deixar algum dinheiro no caixa e não consigo. Assim que ele entra, sai rapidamente. É impossível ter dinheiro guardado nessa empresa. Temos que pensar em uma forma de mantê-lo aqui por pelo menos alguns dias. Sei que temos o endividamento com os bancos, mas temos que ter dinheiro para o dia a dia.

Ele, então, levantou-se. Pegou sua pasta. Despediu-se da sua gerente financeira. Saiu caminhando pela *24th Street*. Assim que chegou na *5th Avenue*, virou à esquerda. Caminhou por mais cinco quadras.

Quando chegou em frente ao número 151, um prédio de concreto aparente, entrou. Identificou-se e subiu até o 13º andar.

— Por favor, eu gostaria de falar com o Sr. Fred! – solicitou à recepcionista.

— Ele não está.

— Que horas ele voltará?

— Em 15 minutos.

— Aguardarei. – disse Roger.

O tempo passou. Quinze minutos depois, seu amigo Fred chegou ao escritório.

— Fred, preciso da sua ajuda!

— O que posso fazer por você? – respondeu Fred a Roger.

— Você já atendeu inúmeros empresários por todo Estados Unidos. Preciso que me diga, quais os segredos dos empresários de sucesso que você já auxiliou? O que eles fazem para se manterem em pé? O que eles têm que eu não tenho?

Roger continuou a sua explicação:

— Trabalho 24 horas por dia. Vendo bastante, mas nunca tenho dinheiro. Peço que me auxilie.

Fred pede para Roger mudar de cadeira e ficar de frente para uma TV. Então, ele aperta o *play* de um aparelho acoplado na sua mesa e começa a passar uma apresentação em *Power Point*.

— Roger, está vendo esta tela?

— Sim.

— Então preste atenção, porque passarei agora duas estratégias de tudo que pude aprender com empresários milionários que tinham foco no caixa da empresa.

Após apertar a tecla, apareceu a primeira tela: "Aprenda com os judeus: deixe o dinheiro quieto no caixa da empresa por alguns dias".

— *O empresário que quer ter foco no caixa terá que seguir algumas regras. Por exemplo, de não pagar todos os dias. Eu me lembro que, quando trabalhava para uma grande empresa, ela pagava seus fornecedores uma ou duas vezes ao mês. Comunique a todos os fornecedores que você pagará somente em determinados dias. Se você pagar todos os dias, não terá folego para pensar e se programar. É um detalhe simples, mas 70% dos empresários não fazem isso. O maior ladrão de tempo de um dono de empresa é o caixa* – disse Fred.

— *O que mais eu tenho que aprender?* – perguntou Roger.

Ele, então, apertou o botão e apareceu uma segunda tela: "Qual é a reserva de oxigênio em seu balão de ar?".

— *Agora vou falar sobre a segunda estratégia: o que acontece com sua empresa se a entrada de dinheiro diminuir, por exemplo, em 30%? Você tem fôlego para suportar esta queda? Você tem que saber e monitorar quanto você tem de "ar" no seu "balão de oxigênio".*

E Fred, finalmente, concluiu:

— *Volte para sua empresa e comece a pensar nestas duas estratégias!*

Fred, então, acompanhou Roger até a porta.

— *Meu amigo, vou lhe dizer mais uma coisa.*

— *O que é?* – perguntou Roger.

— *De nada adianta você controlar o caixa da sua empresa, renegociar débitos, fornecedores e outros se você não mudar o jeito de administrar o seu negócio. Lembre-se que você terá que mexer na sua gestão, rever seus hábitos, sua margem de lucro e estratégias do seu negócio. O que você viu aqui hoje foi somente uma parte de como ser bem-sucedido como dono de empresa. Muitos empresários não prosperam pelo simples fato de ajustarem somente um assunto na empresa e esquecerem outros.*

Então, se despediram.

...

Uma semana após essa conversa, Roger estava com sua equipe em uma reunião no hotel *Grand Hyatt New York*. O objetivo da reunião era uma apresentação de como seria a administração financeira da empresa dali para frente. Roger reforçou que os pagamentos, de agora em diante, seriam feitos somente duas vezes por mês. Deixou claro para sua gerente financeira que o dinheiro tinha que ficar parado no caixa da empresa. Nada de pagar todos os dias. Deixou claro que teriam somente um "pequeno" caixa para pagamentos das despesas diárias, como Correios, estacionamentos, etc.

— *Vejam essa planilha de custos para os próximos seis meses. Saibam que a única certeza que um empresário tem, são as despesas. Mais nada!* – disse para sua equipe financeira. *Já renegociamos todos os débitos, inclusive pedimos um novo parcelamento ao NYC Manhattan Bank, mas somente isso não basta para uma empresa. Há a necessidade de mudarmos os hábitos e a forma de gerir o dinheiro do caixa. Muitos empresários falham porque se concentram somente em renegociar as dívidas e se esquecem de mexer na gestão diária do caixa. Daqui pra frente, estas serão nossas regras e diretrizes na gestão do caixa.*

A reunião terminou às 19h00. Roger despediu-se de todos. Ficou no *american bar* do hotel. Três homens se aproximaram:

— SR. ROGER, SUA RENEGOCIAÇÃO FOI APROVADA!

Capítulo 4

O PODER DA MARCA

Início de setembro de 2013. Um homem de 45 anos, usando óculos de grau, chegou ao edifício *Chrysler*, na *Lexington Avenue,* às 09h30 da manhã. Estacionou seu carro na garagem. Entrou no elevador do subsolo e parou no térreo para fazer sua identificação. Deu entrada no prédio com o nome de Tony Martin. Depois, pegou o elevador e foi até o 13° andar. Ao chegar na recepção, logo foi abordado pelo segurança, que o pediu para se identificar. Após liberá-lo, o homem o encaminhou para uma sala reservada.

Durante o tempo em que esteve na sala, Tony respondeu a uma série de perguntas feitas pela diretora de marketing de uma grande empresa e também por outra senhora que a acompanhava. A entrevista durou cerca de três horas. Tony assinou um documento de confidencialidade onde, dali para frente, nada poderia ser comentado com outras pessoas. A entrevista terminou. Despediram-se.

No dia seguinte, Tony foi para outro escritório da mesma companhia, localizado na *Avenue of the Americas* com a *43rd Street*. Chegou cedo, às 7h30. A temperatura estava agradável. Antes de subir, tomou um café em um bar no térreo e logo em seguida dirigiu-se para o 9° andar.

Foi recebido na saída do elevado por Walter Macau, presidente e diretor geral da *Lancaster Confecções*, e por seu assistente, Jim Walace.

Trocaram gentilezas e foram diretamente para a reunião.

Walter agradeceu a presença de Tony:

— *Tony, obrigado por ter vindo.*

— *Eu que agradeço a confiança!* – respondeu Tony.

— *Você é considerado um gênio do marketing e precisamos dar uma reviravolta na nossa marca. Nossas vendas não estão boas e somente você poderá reverter essa situação.*

— *Como posso ajudá-los?*

— *Você é um publicitário muito competente. Já fez inúmeras campanhas. Já ressuscitou várias marcas que estavam praticamente quebradas. Quero lhe deixar a vontade. Pense em algo e retorne para apresentar sua ideia. O que não podemos é deixar nossas vendas desta forma.*

Despediram-se. Tony foi para o seu escritório, que ficava próximo dali. Durante todo o caminho pensou em como ajudar a *Lancaster Confecções.*

Assim que chegou ao escritório, falou para sua secretária:

— *Claudia, peço que não me incomode nos próximos 30 minutos!*

Acomodou-se em sua cadeira. Deu uma rápida olhada nos documentos e começou a pensar. Sabia que seu desafio como publicitário era grande. Queria dar ao menos uma ideia para o seu cliente no mesmo dia. Não queria deixar para depois. Sua vontade era de dar uma noticia até o final da tarde.

O telefone de sua mesa começou a tocar. Ele não atendeu. Ao invés disso, ligou a TV que ficava em uma estante em frente a sua mesa.

Um minuto depois, entrou a propaganda da *Nespresso* estrelada por George Clooney. Ele pensou "*É isso! George Clooney é o embaixador da marca Nespresso. Precisamos de um embaixador para a marca de camisas. Um embaixador com credibilidade é um dos caminhos mais fortes para construir uma marca poderosa*".

Imediatamente ligou para Walter:

— *Sr. Walter, acho que tenho a solução!*

— *Assim, tão rápido? Qual é, então?*

— *Precisamos achar um embaixador para sua marca de camisas. Sua marca necessita de um embaixador!*

— *Mas o que significa isso?*

— *Embaixador é alguém que seja a cara da sua marca. Alguém que transmita credibilidade. Alguém em que as pessoas sintam credibilidade.*

— *E quem pode ser essa pessoa?* – perguntou o amigo.

— *Agora não é hora de pensar nisso. Dificilmente encontraremos alguém agora.*

Desligou o telefone. Mais uma vez sua cabeça estava a mil. Ficou impaciente no escritório. Estava convicto de que esta ideia aumentaria as vendas consideravelmente. Isso tudo aconteceu numa sexta feira de verão em *Nova York*.

...

Sábado. Tony acordou às 5h00 da manhã. Sua mente estava "fervendo". Estava inquieto em sua casa, nos arredores de *Long Island*. Uma bela mansão que havia comprado com os lucros de sua agência.

Tomou seu café. Dirigiu-se ao escritório que ficava atrás da piscina. Fez uma revisão dos assuntos da semana. Enviou alguns e-mails. Foi para a garagem. Entrou sem seu *Porsche*. Seguiu direto para o escritório. Estava disposto a encontrar o embaixador da marca do seu cliente.

Chegando ao escritório, começou a vasculhar todos os armários sem parar. Abriu gavetas, mesas, caixas com antigos papéis. Finalmente achou o que estava procurando: uma matéria sobre as personalidades masculinas mais respeitadas de *Nova York*. Seus olhos saltaram imediatamente quando leu o nome de Sidney Jones. Empresário bem-sucedido, filantropo, casamento de 40 anos, um verdadeiro *self made man*. O alvo era este. O desafio estava lançado.

— *Walter, já sei quem pode ser o embaixador da sua marca!* – disse Tony por telefone.

— *Como assim Tony? Você foi muito rápido!*

— *Não temos tempo a perder. Vamos entrar em contato com Sidney Jones, o embaixador perfeito para sua marca. Toda grande empresa que quer decolar sua marca, necessita de um embaixador!*

— *Loucura da sua parte. Dificilmente ele aceitará e, se aceitar, pedirá uma quantia astronômica.*

— *Sei quem o conhece e esta pessoa me colocará na frente dele!*

Tony desligou o telefone e imediatamente ligou para um amigo.

...

Três dias depois.

— *Por que você acha que devo fazer esta propaganda?* – perguntou Sidney Jones para Tony, na recepção do luxuosíssimo hotel *Waldorf Astoria*, em *Nova York*.

— *Você é a pessoa perfeita para nossa marca!*

— *Sim, mas qual o motivo para que eu venha a ser um embaixador da sua marca, como o George Clooney é para a Nespresso?*

— *Como lhe disse, o senhor é um empresário muito bem-sucedido nos Estados Unidos. Sua imagem transmite credibilidade.* – respondeu Tony.

— *Sinto muito, mas não posso aceitar o convite.* – despediu-se Sidney enquanto deixava o hotel.

Tony voltou arrasado para o seu escritório. Passou a tarde toda pensando em como convencer Sidney Jones.

Nas semanas seguintes conseguiu mais três reuniões com Sr. Jones, mas foi infeliz em todas elas. Não havia forma de convencê-lo a aceitar a campanha.

— *Acho que você deveria desistir.* – disse o diretor da camisaria para Tony em um telefonema.

...

Los Angeles. Quarta-feira de muito calor. Tony desembarcou no *Los Angeles International Airport.* Havia marcado algumas reuniões de negócios naquela cidade para os próximos dois dias, mas naquele dia especificamente já tinha agendado um almoço com um amigo milionário, um produtor cinematográfico que contratava grandes estrelas de *Hollywood.* O almoço seria no melhor restaurante da cidade, o *Maude*, considerado um verdadeiro templo gastronômico.

— *As estrelas de Hollywood trabalham somente por dinheiro?* – perguntou Tony.

— *Claro que não. A maioria das estrelas já é milionária. Muitas delas nem precisam mais ganhar pelos filmes. Por isso, meu amigo, dinheiro nem sempre é o importante!* – respondeu o amigo.

— *E como você faz, então, para convencer uma estrela a participar de um dos seus filmes, quando dinheiro não é fator decisivo?*

— *Eles somente participam se o projeto for atraente, se o filme for algo que venha em direção aos valores deles. Aí sim, eles participam independentemente do dinheiro.*

— *Tenho um desafio. Preciso convencer um empresário de Nova York a estrelar uma campanha para um cliente da minha agência, uma camisaria. Como faço?*

— *Oras, você somente vai convencê-lo se fizer algo que ele quer, e não o que você quer. Descubra o que ele quer. Quais são os valores dele? O que ele pensa? Descubra essa resposta e aí sim, ele poderá assinar contrato com vocês!* – finalizou o amigo.

...

Uma semana depois. Tony estava novamente na frente de Jones, mas com uma argumentação diferente das anteriores.

— *Façamos um acordo, Sr. Jones. Faremos um contrato de um ano. Neste período, produziremos uma linha de camisas que serão doadas para todos os necessitados aqui de Nova York. Onde tiver alguém que necessite de camisa, ali estaremos. O seu aceite representará camisas para aqueles que não têm condições de comprar. A sua atitude ajudará milhares de necessitados. Faremos uma doação de camisas nunca vista antes nos Estados Unidos. Agora, a decisão está em suas mãos.*

Tony estendeu as mãos para Sidney Jones.

— *Lembre-se: seu aceite ajudará milhares de pessoas!*

...

Dez meses depois. Tony aguardava calmamente, na sala VIP da *American Express*, seu voo para *Los Angeles*, quando seu telefone tocou:

— *Ótimas noticias, Tony. Voltamos a crescer em um ritmo de 20% após Sidney Jones virar nosso embaixador. Não imaginava que isso tivesse um efeito tão rápido! A presença dele nos catálogos, comerciais e mensagens elevaram, e muito, nossas vendas. Acredito que chegaremos a um faturamento este ano em torno de U$ 100 milhões de dólares!*

— *Fico feliz, Walter.*

— *Você é um gênio!* – elogiou o empresário de camisas.

— *Não sou um gênio, sou uma pessoa de talento que faz a lição de casa. Muitas empresas poderiam resolver seus problemas de vendas se tivessem um embaixador de suas marcas. Muitos empresários desconhecem o poder desta estratégia.*

A conversa terminou desta forma.

Tony, então, acomodou-se na cadeira enquanto esperava. Pediu uma *Schweppes*. Era um dia de muito calor. Um desconhecido aproximou-se:

— *O senhor é Tony Martin?*

— *Sim.*

— *Quero lhe fazer um convite.*

— *Qual?*

— *QUER SER O EMBAIXADOR DA MINHA MARCA?*

Capítulo 5

CUSTOS: "VIGÍLIA 24 HORAS"

Aeroporto de *Los Angeles*. Um homem chegou em um táxi por volta das 11h00 da manhã. Entrou no setor de embarque, passou pelo raio X e seguiu em direção ao portão 9. Apresentou seu cartão de embarque e em menos de 20 minutos já estava a bordo de um avião da *American Airlines*, na classe executiva, com destino a *Nova York*.

Sentou-se na poltrona 7A. Aguardou as orientações do comandante do avião. Após 30 minutos de voo, aceitou o suco oferecido pela aeromoça. 10 minutos depois, pediu sua refeição.

Ao terminar, informou à aeromoça que estava satisfeito e fechou os olhos para descanso. Pegou no sono e despertou após duas horas da decolagem.

Sem ter o que fazer, começou a ler a revista de bordo. Um artigo lhe chamou a atenção. O título era "Transforme sua empresa em um negócio lucrativo". Após cinco minutos de leitura, ele se deparou com a seguinte frase: "O empresário que não estiver focado em redução de custos, jamais ganhará dinheiro com seu negócio".

A frase o deixou chocado. Teve a sensação de uma faca ter atravessado seu peito. Pensou: *"Esse é o motivo pelo qual não ganho dinheiro com a minha empresa."*. Ele não estava preparado para ler aquele artigo.

Continuou lendo a matéria. Mais adiante, outra frase o deixou perplexo: "O que você está fazendo atualmente para reduzir os custos do seu negócio?".

Fechou a revista. Estava agitado. Queria que o voo chegasse o mais rápido possível ao seu destino.

— *Praticamente abandonei os custos da minha empresa.* – disse em voz baixa para seu consciente.

Dia seguinte. Após o café da manhã, John Macnamara entrou em seu *BMW* série 7 e saiu em direção ao seu escritório. Observou no banco do passageiro a revista que trouxera do voo de *Los Angeles*, no dia anterior, onde havia lido o artigo do empresário James Smith.

Seguiu rumo a *Manhattan*. Depois de 10 minutos de percurso, parou em um posto de gasolina. Sacou seu telefone e ligou para sua assistente:

— *Mary, eu preciso falar com James Smith. Ele é empresário. Ontem, no voo de volta de Los Angeles, li um artigo que ele escreveu para a revista de bordo da American Airlines. Preciso conhecê-lo. Por favor, veja se é possível uma reunião minha com ele.*

Terminada a ligação, retomou seu trajeto. Andou por mais 10 minutos e parou. Pegou novamente seu telefone e fez uma busca em cima do nome de James Smith, "empresário no setor de telecomunicações".

Assim que terminou a busca, seu telefone tocou:

— *John, James Smith é um grande empresário na área de telecomunicações. Talvez seja difícil falar com ele.*

— *Tente o máximo possível. Preciso conhecê-lo!* – respondeu John para sua secretária Mary.

Às 10h00, John estacionou a *BMW* no prédio da sua empresa, localizado na *43rd Street*. Entrou pelas escadas, cumprimentou o porteiro e pegou o elevador até o último andar. Quando saiu do elevador, Mary já lhe disse:

— *Estou fazendo o máximo para tentar marcar uma reunião com o Sr. James Smith.*

Durante as três semanas seguintes, Mary tentou ao máximo uma reunião com James. Foi uma maratona intensa, acionando contatos, etc.

...

Na manhã de uma segunda feira, John entrou ansioso em sua sala.

Verificou sua agenda, as correspondências e começou a fazer ligações. Às 11h30, Mary o interrompeu:

— *Chefe, tudo certo. Consegui agendar com James Smith! Finalmente sua reunião foi confirmada! Será na próxima sexta-feira, às 09h00, no escritório dele.*

Sexta-feira, 09h00 da manhã. John entrou em um elegante prédio na esquina *da Greene Street* com a *Houston Street*.

— *Tenho uma reunião com o Sr. James.*

— *Pode aguardar naquela sala.* – respondeu a recepcionista.

James entrou na sala pontualmente às 09h00. Estava elegantemente vestido. Aparentava ter em torno de 50 anos. John o saudou com entusiasmo. Disse que seu artigo sobre redução de custos foi como um "punhal" atravessando seu peito. Contou ter ficado algumas noites pensando sobre as suas palavras e o porquê do artigo não ter caído em suas mãos vinte anos atrás.

— *James, seu artigo mexeu muito comigo, pois abandonei o assunto redução de custos na minha empresa. A vida inteira coloquei meu foco em faturar, e não em controlar os custos do meu negócio.*

James ficou atento ao que John dizia. Ouviu e percebeu o quanto seu artigo havia influenciado aquele empresário. A certa altura da conversa, interrompeu John:

— *Você tem meta de redução de custos na sua empresa?*

— *Não, não tenho.* – respondeu John.

— *Por quê?*

— *Acho que não dou muita importância para este assunto.*

— *Você sabia que a equipe é a cara do líder?*

— *Como assim?* – perguntou John.

— *Simples. A sua equipe somente pensará em redução de custos, se você pensar. Um empresário precisa entender isso. Não há empresa alguma no mundo em que o inverso seja verdadeiro. Isso não existe! Entenda uma coisa, o que você faz, seus funcionários farão. Se pensar em redução de custos, todos pensarão. Se não pensar, ninguém pensará.*

— *E o que devo fazer para isso acontecer no meu negócio?*

— *Em primeiro lugar, implante metas para redução de custos. Em 90% das empresas, há metas para vender mais, mas nunca vi metas para reduzir custos.*

John pediu uma água neste momento. Seus olhos expressavam sua preocupação diante do desafio.

— *E o custo fixo, o que você tem feito para diminuí-lo?* – perguntou James.

— *Absolutamente nada!*

James, então, olhou nos olhos de John:

— *Vou fazer algumas perguntas para você pensar. A sua empresa precisa estar onde está? O prédio que você ocupa é condizente atualmente com suas atividades? Será que não dá para ter a mesma estrutura em um prédio menor?*

— *Com certeza posso ter a mesma eficácia em uma sala menor.*

— *Então, você acabou se acomodando nisso também. Existem empresários que se esquecem de prestar atenção no quanto representa o aluguel sobre o faturamento. Está vendo pela janela aquele prédio do outro lado da rua? Estive lá por sete anos. Eu tinha duas salas somente para arquivos com papéis, contratos, etc. Tudo foi digitalizado. Veja o tanto que economizei depois que digitalizei muitos documentos!*

John foi ficando cada vez mais abatido e cabisbaixo. James continuou seu desafio através de perguntas:

— *E o número de funcionários? Há quanto tempo você não faz um estudo para ver se o número de funcionários que você tem está correto? Não deixe sua empresa com uma quantidade de funcionários acima do necessário. Monitore o tamanho da sua folha de pagamento.*

— *Sim, às vezes percebo que tem gente ociosa na minha empresa.*

— *Pois é! Quem você acha que tem que tomar uma atitude em relação a isso? Você!*

— *Sim, ficarei mais atento quanto a isso.*

James pegou um jornal do dia anterior:

— *Olhe para este jornal. Você deve ter ouvido falar da quebra desta empresa. Conheci os sócios. Jamais se preocuparam com os custos, até que um dia tudo explodiu. Não queira falir. Fique de olho nos custos.*

Um silêncio ficou na sala.

— *Vou lhe dar mais uma dica para construir seu império. Terceirize tudo aquilo que lhe rouba tempo. Assim, sobrará tempo para focar naquilo que lhe traz lucro. Terceirize para ganhar mais. Acho um absurdo empresas que ainda têm na folha de pagamento funcionários com atividades que poderiam muito bem ser terceirizadas.*

John ficou meio "atordoado" com tantas informações. Seus olhos davam sinais de angústia. Suas mãos já estavam frias. Levantou-se:

— *Tenho que ir. Quero agradecer muito por essa lição. Jamais vou esquecer a reunião no dia de hoje!*

James o acompanhou até a porta.

— *Somente você pode pensar em reduzir os custos da sua empresa. Mais ninguém. Aposto 100 dólares que você esquecerá essa nossa conversa. Até qualquer dia!*

...

Noite de dezembro de 2014. Um automóvel *Cadillac* preto, com interior caramelo, estacionou em frente ao famoso restaurante *Nobu*, na *105 Hudson Street*. Um homem e mais dois executivos desceram do automóvel. Entraram no restaurante. Havia uma mesa reservada para eles.

— *Fecharemos nosso ano com um lucro acima da média dos anos anteriores!* – disse um dos homens.

— *Sem dúvida alguma! Tivemos foco na redução de custos o ano inteiro, e o resultado veio agora, no final!* – respondeu um outro.

O terceiro homem, com aparência de ser o líder dos outros dois, disse:

— *Aqui está uma carta. Peço que mandem colocá-la amanhã no Correio, sem falta. É para uma pessoa especial.*

...

Dois dias depois:

— *Sr. James, tem uma carta endereçada ao senhor com um carimbo confidencial.*

Ele, então, abriu o envelope:

"MUITO OBRIGADO POR TUDO. Assinado: John Macnamara".

Capítulo 6

REMUNERE SOBRE O LUCRO, E NÃO SOBRE AS VENDAS

Primavera de 2009. David Howard saiu do apto. 407, do hotel *Hilton Palm Springs*, acompanhado de sua mulher, às 07h30 da manhã. Passou pela piscina, depois pela sala de jogos, sala de TV e chegou na área reservada ao café. Pediu pão com torradas e café sem açúcar. Sua esposa pediu o mesmo.

— *O que você fará durante o dia no resort?* – perguntou para sua esposa.

— *Ainda não sei. Acho que vou caminhar, fazer ginástica e outras coisas.*

— *Ok, Helen, nos encontrarmos no jantar, às 08h00 da noite.*

David foi para a piscina. Encontrou uma cadeira livre. Percebeu uma movimentação próxima ao salão de reuniões do hotel.

— *O que está se passando na sala de reuniões?*

— *É um evento da Pacific System.* – respondeu o garçom.

— *Tem certeza? É isso mesmo?*

— *Claro que sim!* – respondeu o garçom.

— *A Pacific System é uma das empresas mais admiradas do mundo em termos de gestão. Inclusive sou fã deles e aprendo muito com suas ideias sobre o tema. É uma surpresa para mim eles estarem hospedados no mesmo hotel que eu.*

— *Sim, são eles mesmos!* – disse calmamente o garçom.

— *Com que frequência eles fazem isto?*

— *Uma vez por mês.*

— *E o que se passa lá dentro?*

— *Não sei lhe explicar, senhor. Com licença.* – despediu-se o garçom.

David estava diante de um desafio: saber como eram as reuniões de uma das empresas mais poderosas do mundo. Levantou-se e partiu em direção à sala de reuniões.

— *Posso olhar um pouco a reunião de vocês?*

— *Sinto muito, senhor, terá que pedir a um dos nossos diretores.* – respondeu a recepcionista do evento.

David voltou para a piscina. Lembrou-se de uma matéria da *Pacific System* que havia lido em um site de negócios. Sentou na cadeira e começou a ler o jornal do dia, colocado minutos antes pelo mesmo garçom que o servira.

Estava inquieto, impaciente. Uma das empresas que mais admirava estava em reunião no mesmo hotel. Levantou-se e rumou novamente para a sala de reuniões. Conversou com a recepcionista. Depois, voltou para a recepção do hotel, falou algo com o gerente e foi para o seu apartamento. De lá, saiu vestido com uma calça social, sapatos, camisa e um blazer azul marinho. Partiu para a sala de reuniões pela terceira vez.

Aproximou-se de um dos diretores da empresa:

— *Permita-me apresentar. Sou hóspede do hotel e gostaria de assistir a reunião de vocês.*

— *Sinto informar, mas nossa reunião é somente para os líderes do escritório regional de nossa empresa.* – respondeu o diretor.

— *Entendo. Porém, acabei de ler no jornal o fantástico desempenho de vocês e gostaria de aprender algo.*

— *Sinto muito, a reunião é confidencial da empresa.*

— *Somente uma pergunta: com que frequência vocês fazem esta reunião?*

— *Mensalmente. Uma vez por mês trazemos nossa equipe para cá. Isso tem um efeito extraordinário, pois jamais conseguimos ter novas ideias em nosso escritório. Temos uma gestão focada para resultados e uma das melhores formas para alinhar a equipe nisso é tirá-la da rotina do escritório.*

— *Mas vocês fazem isso em todos os escritórios regionais?* – perguntou David.

— *Sim, é obrigatório! Todos os diretores regionais tem uma verba para isso. Ficamos aqui o dia todo, revemos resultados, traçamos metas, etc. Um dia isolado com sua equipe é o melhor investimento que um empresário pode fazer. A propósito, você faz isso na sua empresa?*

— *Não, não faço.*

— *Deveria fazer! Bom, agora tenho que ir.* – despediu-se, então, o diretor.

David foi para uma sala reservada. Pegou um papel em branco, uma caneta e escreveu a "pérola" que havia recebido: "RETIRAR A EQUIPE DO ESCRITÓRIO UMA VEZ POR MÊS".

Eram quase 11h00 da manhã. David parecia não desistir. Voltou novamente para a porta da sala de eventos. Ficou parado bem em frente a sala. Quando o grupo da *Pacific* estava pronto para sair, o mesmo posicionou-se do lado direito. Quando o grupo saiu, uma das diretoras ficou sozinha dentro do salão. Ele se aproveitou do momento e entrou rapidamente na sala, que não tinha praticamente ninguém.

— *Com licença. Meu nome é David. Sinto incomodá-la. Já troquei algumas palavras com outro diretor. Sou um empresário em busca de ideias para decolar meu negócio e vocês são referência para mim. Faturam perto de U$ 20 bilhões de dólares ao redor do mundo! Peço desculpas pelo desconforto.*

— *Vamos lá! O que o senhor quer saber?*

— *Quero dicas para decolar o meu negócio!*

— *Olha, Sr. David, vou lhe dar uma estratégia que implantamos e que, na verdade, não é mais segredo, pois já saíram algumas matérias em revistas sobre ela. Quer saber qual é? Jamais pague os líderes da sua empresa em cima do faturamento! Os líderes têm que ser remunerados em cima de resultados, e resultados significam: LUCROS. Se o senhor não paga os seus diretores desta forma, jamais construirá uma empresa focada para resultados. Os empresários têm que se acostumar a remunerar seus líderes em cima de resultados!*

— *Realmente não faço isso. Inclusive, inúmeras vezes, minha empresa estava no vermelho e tive que honrar os pagamentos dos gerentes porque eles ganhavam sobre faturamento.* – respondeu David.

— *Então mude isso urgentemente. O raciocínio é muito simples: se uma pessoa recebe sobre vendas, você acha que ela estará preocupada com lucros? Ela estará preocupada em vender! Somente isso! E lhe aviso: quem não estiver disposto a ser remunerado por resultados, DEMITA.*

Depois de dizer isso, a diretora retirou-se da sala. David ficou sozinho no local.

Ele olhou para as paredes. Algo lhe chamou a atenção. Três fotos de líderes empresariais de sucesso estavam coladas na parede: Jeff Bezos (fundador da *Amazon*), Warren Buffet (investidor) e Sam Walton (fundador do *Wal-Mart*). Caminhou em direção as fotos, sacou seu celular para tirar uma foto, quando uma voz o interrompeu:

— *Sinto muito, senhor. Não posso deixá-lo na sala!* – advertiu uma das recepcionistas.

David memorizou não somente as fotos, mas uma frase escrita embaixo delas: "Pense sempre em uma gestão voltada para resultados". Na saída do auditório, aproximou-se da diretora, que tomava um café fora da sala:

— *Prometo ser essa a última pergunta que faço para a senhora. O que significam as fotos de Jeff Bezos, Warren Buffet e Sam Walton coladas na parede de reunião de vocês?*

— *Significa que são líderes que têm ou tiveram performance acima da média. O fato das fotos deles estarem ali significa que não podemos perder de vista o nosso objetivo final, que é o resultado. Sua equipe precisa enxergar mentores que foram focados em resultados, e nada melhor do que fotos para estimulá-los.*

— *Muito obrigado!* – despediu-se David.

Na parte da tarde, David ficou sentado em um canto no *american bar*. Naquele momento, sua cabeça "fervilhava". Havia escutado coisas que jamais escutou em qualquer lugar. Estava vendo na prática o que era uma gestão focada em resultados. Sua cabeça não pensava em outra coisa, a não ser chegar na segunda-feira e mudar toda a sua gestão. O pensamento que vinha em sua cabeça era sempre o mesmo: *"Preciso mudar a minha gestão"*.

...

16h00. David encontrava-se novamente na porta do salão onde acontecia a reunião da *Pacific Systems*. A partir daquele momento seria considerado uma *"persona non grata"*.

As portas estavam fechadas. Do lado de fora, havia um monte de folhas impressas na mesa da recepcionista.

— *Que relatórios são esses?* – perguntou David.

— *Acho que são os resultados do último trimestre.* – disse a recepcionista.

Neste momento, a porta do salão abriu. Um Inglês, com cara de diretor e aparentando em torno de 40 anos, aproximou-se da recepcionista.

— *Onde estão os relatórios que pedi para imprimirem?*

— *Estão aqui, senhor.*

David, então, aproximou-se deste diretor.

— *Sinto muito interrompê-lo. Estive aqui várias vezes no decorrer do dia, inclusive já falei com outros dois diretores. Gostaria muito de agradecer as ideias que eles me deram sobre gestão. Muito obrigado por tudo!*

— *Sem problemas, mas tenho que entrar agora para distribuir os resultados do trimestre.*

— *Vocês distribuem os resultados somente para os líderes?* – disparou uma última pergunta na esperança de colher mais uma informação.

— *Não, todos sabem dos resultados. De um auxiliar administrativo até o presidente. Todos os empresários deveriam fazer isso. Com certeza chegariam mais rápido ao topo. Mostrar o resultado é uma forma de envolver a todos.*

David agradeceu. Colocou os óculos. Já eram quase 18h00. Caminhou para a recepção do hotel. No caminho, cumprimentou um dos hóspedes que havia conhecido no dia anterior. Tomou um café na recepção. Olhou para o lado de fora. Viu o sol caindo lentamente. Sabia que o dia tinha sido intenso e de grande aprendizado. Foi direto para o seu apartamento.

— *Como foi seu dia, David?* – perguntou sua esposa, assim que ele entrou.

— *NASCI DE NOVO! SOU UM NOVO EMPRESÁRIO!*

Capítulo 7

O NEGOCIADOR

O voo atrasou. O avião que fazia a rota *Londres/Nova York* chegou com 40 minutos de atraso no aeroporto *John F. Kennedy*. Dois homens que estavam a bordo desembarcaram e saíram correndo pelo saguão em busca de um táxi. Um estava de terno escuro e o outro usava uma camisa somente com gravata. Seguiram rumo à ilha de *Manhattan*. Ao chegarem à *Williamburg Bridge*, o trânsito estava parado. Olharam para o relógio. Estavam desesperados. O tempo estava passando e a cada minuto ficavam mais nervosos. Ao entrarem na *St. Bowery*, seguiram pela *4th Avenue* e depois pela *Park Avenue*. Então, finalmente, chegaram ao hotel onde ficariam hospedados.

Entraram rapidamente no luxuoso hotel *The Plaza*, de frente para o *Central Park*. Fizeram o *check-in* e um deles já informou à recepcionista:

— *Não ficaremos hospedados. Iremos apenas tomar um banho rápido e já vamos descer.*

Seguiram cada um para o seu apartamento. Minutos depois, ambos estavam na recepção. Um carro esperava por eles.

— *Por favor, siga urgentemente para o American Conference Center!* – pediu o homem que estava de terno.

O carro saiu em alta velocidade. *Manhattan* estava com um trânsito acima da média para aquele horário. O motorista fazia o máximo possível para escapar do congestionamento. Os dois homens ficavam cada vez mais preocupados. Quando chegaram ao local, eles praticamente saltaram do carro em movimento. Uma pessoa os aguardava na recepção.

— *Já estão todos no salão. Vamos subir depressa. O evento está em cima da hora.*

— *Qual o número de pessoas presentes?*

— *São 300 empresários da cidade, de todos os ramos de atividades.*

Assim que chegaram na entrada do salão, o presidente da *Associação Comercial de Nova York* os recebeu:

— *Olá, Robson Malone. Prazer em conhecê-lo. Estamos honrados por tê-los aqui em nosso evento hoje.*

— *O prazer é todo meu. Quero lhe apresentar meu assistente, Nick.*

— *Vamos rápido para a sala VIP. Estamos em cima da hora. O evento começará em 10 minutos.* – disse o presidente.

Seguiram todos para a sala VIP. Após cinco minutos:

— *Está na hora. O Sr. Robson tem que começar a conferência.* – disse o mestre de cerimônias.

Robson caminhou tranquilamente pelo corredor. Seu nome foi anunciado, seu currículo foi apresentado e foi aplaudido por todos na entrada.

Falou por 30 minutos sobre o tema "Negociação para donos de empresas". Durante sua fala, utilizou os recursos dos slides e também de pequenos filmes de um minuto.

Em um determinado momento da palestra, levantou uma revista e abriu na página 52. Mostrou uma matéria sobre empresários que quebraram porque não sabiam negociar. Em seguida, pegou uma cadeira, arremessou na parede e esbravejou:

— *Vocês ficarão em pedaços, como esta cadeira, se não souberem negociar!*

Bateu com as mãos em cima de uma mesa e continuou:

— *O negociador número um de uma empresa, é o dono!*

Em seguida, levantou um caderno. Mostrou para a plateia e perguntou:

— *Quanto vocês venderam em suas empresas no ano passado? Isto é fácil. Agora, me respondam: "Quanto vocês compraram no ano passado?". Poucos empresários sabem quanto a empresa comprou no ano passado. Poucos sabem quanto representa 10% do total de suas compras. Se fossem 10% mais habilidosos na hora de comprar, com certeza teriam um lucro maior. Poucos empresários sabem quanto compraram, somente sabem quanto venderam.*

E projetou um slide com o título "O COMPRADOR"!

— *Quem é o comprador na empresa de vocês? Ele foi treinado? Ele foi capacitado? É incrível como existem empresas que não treinam seus compradores. Há uma preocupação enorme em treinar vendedores, mas se esquecem de treinar seus compradores. Há quanto tempo você não treina o comprador da sua empresa?*

Ele parou de falar e projetou mais um slide: "Faça um rodízio de compradores na sua empresa. Isto tem uma enorme eficácia!".

Projetou outro slide com a figura de um vendedor.

— *Claro que seus vendedores têm que ser treinados para negociarem bem. Mas o que eles têm que entender é se estão "negociando com a pessoa certa". Muitos vendedores perdem tempo com pessoas que não decidem. Eu chamo isso de "acender uma vela boa para defunto ruim".*

Tomou, então, um pouco de água que estava em um copo próximo ao notebook da apresentação. O calor estava sufocante. Afrouxou a gravata e continuou a sua preleção:

— *Vocês sabem qual é o maior erro de um empresário em uma negociação? Não registrar a negociação. Registre tudo imediatamente. Pegue as assinaturas dos envolvidos. Redija todos os acordos. Nunca, jamais deixe de redigir um acordo e pegar a assinatura com quem você negociou!*

Neste momento a plateia aplaudiu. Uma palestra cheia de conteúdo e estratégia. E projetou mais um slide com a seguinte frase: "NÃO ADIANTA VOCÊ COMPRAR BEM UMA MERCADORIA QUE NÃO VENDE BEM!". Ele, então, explicou o slide:

— *Muitos compradores se orgulham de fazer negociações maravilhosas, mas com produtos que têm pouco giro. Vocês acham que isto resolve alguma coisa? Não resolve nada! Depois fica tudo encalhado no estoque. Compre bem aquilo que você venderá bem! Não fuja desta regra!*

A plateia "balançou" a cabeça concordando com tudo. Estavam maravilhados com as informações.

Robson continuou:

— *Não posso ir embora sem dar o último recado. Por favor, não fiquem reféns dos seus fornecedores.*

Então, perguntou em voz alta:

— *TEM ALGUÉM AQUI REFÉM DE UM ALGUM FORNECEDOR?* – a plateia fica em silêncio total. *Se estiver refém de algum fornecedor, livre-se dele rapidamente. Procure novos fornecedores.*

Então, despediu-se da plateia:

— *Muito obrigado e até breve!*

Robson, então, desceu do palco, caminhou em direção ao presidente da Associação e lhe disse:

— *Por favor, promova mais treinamentos de negociação para os seus associados. Não há empresário bem-sucedido que não tenha bons negociadores trabalhando para ele. Pense nisso. Até qualquer dia.*

Robson dirigiu-se até a porta de saída. Seu assessor, Nick, o aguardava.

— *Para onde vamos agora, chefe?* – perguntou Nick.

— *Para o aeroporto. Missão cumprida!*

— *Ótimo. As malas já estão no táxi. Nosso voo sai dentro de duas horas.*

Duas recepcionistas conversavam no fundo da sala onde aconteceu a conferência:

— *Quem é esse cara que deu a palestra esta noite?*

— *NÃO CONHEÇO, MAS O PESSOAL DISSE QUE É UM INGLÊS CONSIDERADO UM DOS MAIORES NEGOCIADORES DO MUNDO!*

Capítulo 8

O ESTRATEGISTA

Edílson Lopes

Um homem de 47 anos, pele clara e com cabelos grisalhos, caminhava pela praia na baía de *San Diego*. Após caminhar por 40 minutos, parou em um quiosque, tomou água e voltou a caminhar. Vinte minutos depois, sentou-se para descansar. Permaneceu ali por mais cinco minutos. Depois, levantou-se e entrou em um táxi em direção ao hotel onde estava hospedado. Assim que chegou ao destino, tomou seu banho e desceu até o restaurante para tomar um café. Enquanto esperava, seu celular tocou:

— *Sr. Albert, preciso falar urgentemente com o senhor.*

— *Sim, pode falar.* – respondeu para sua gerente financeira.

— *É um assunto muito delicado em relação a sua empresa.*

— *Como assim, delicado?*

— *Durante as duas últimas semanas fizemos um levantamento das contas e gastos, e a situação da empresa não é boa.*

— *Não entendi.* – disse Albert.

— *Não posso afirmar que o senhor está falido, mas sua situação não é nada boa. Não há dinheiro na conta da empresa. Todos os recebíveis já foram mandados para adiantamento pelos bancos. E* *além de já termos gasto isso, seu saldo devedor está na casa dos U$ 50 milhões de dólares.*

Albert ficou quieto por pelo menos cinco segundos.

— *Não consigo acreditar que chegamos nesta situação.* – disse ele.

— *Acho que o senhor colocou muito dinheiro na tentativa de abrir esta filial aqui em Vancouver. Há quase um ano não mandamos qualquer dinheiro para a matriz. Somente vocês mandam dinheiro para cá.*

Albert levantou-se da mesa cabisbaixo. Desligou o telefone. Ficou em silêncio. Saiu do restaurante sem ao menos mexer no café, entrou no elevador e subiu para o seu apartamento. Arrumou a mala, deu uma rápida olhada na agenda e desceu para a recepção.

— *Preciso de um táxi urgente para o aeroporto.*

— *Sim senhor. Já vou providenciar.* – disse a recepcionista do hotel.

O táxi chegou em três minutos.

— *Por favor, aeroporto internacional.*

Em 15 minutos estava no Aeroporto Internacional de *San Diego*. Passou pelo raio X, foi para a *Starbucks* e lá permaneceu por 30 minutos.

Saiu da cafeteria. Começou a andar impaciente pelo saguão do aeroporto. Achou um jornal em uma cadeira vazia. Leu algumas partes. Não se interessou por nada. Continuou caminhando.

O alto-falante anunciou a partida para *Vancouver*. Albert dirigiu-se ao setor de embarque.

Entrou no avião com a cabeça baixa. Cara de triste e derrotado. Não falou um minuto com a pessoa ao lado. O voo, que durava em média 04h30 de *San Diego* para *Vancouver*, atrasou pouco mais de quarenta minutos e demorou quase seis horas para chegar ao seu destino.

Às 17h00 o avião aterrissou em *Vancouver*. Um carro *Mercedes CLK 230* prata o aguardava no aeroporto.

— *Boa tarde. Estou encarregado de levá-lo ao escritório da sua empresa.*

— *Obrigado por ter vindo me buscar.*

Do aeroporto partiram rumo ao *Centro Empresarial de Vancouver*, especificamente para o prédio *Business Tower. Albert* entrou em silêncio no escritório. Caminhou até a sala de reuniões. Pediu a presença da sua gerente financeira.

— *Não posso entender como gastei tanto dinheiro para implantar esta filial aqui em Vancouver?*

— *Pois é, Sr. Albert. Sinto ter lhe dado esta notícia hoje de manhã.* - falou a gerente.

— *Por favor, marque uma reunião com nossos diretores ainda hoje. Quero todos na minha sala às 19h00.*

Horário marcado. Todos estavam na sala de reunião.

— *O que aconteceu, Steve?* – perguntou Albert para um dos seus diretores da filial.

— *Sinto muito, Sr. Albert, preciso ser sincero. Não estamos conseguindo decolar a nossa filial. Já tentamos de tudo.*

— *Onde você acha que está o problema?*

— *Nosso problema não está em nossos produtos. Fabricamos a melhor linha de móveis para escritório dos Estados Unidos. Temos o melhor design, qualidade e, acima de tudo, somos referência neste mercado.* – respondeu o diretor.

— *Então por que não estamos vendendo?*

— *Porque não temos carteira de clientes.*

— *Quem é o nosso cliente? Que tipo de cliente compra de nós?* – perguntou Albert.

— *São empresas. Precisamos chegar aos donos das empresas. São eles que compram, são eles que decidem. Precisamos ter uma base de dados de empresas aqui de Vancouver. Não temos isso ainda.* – finalizou Steve.

Albert terminou a reunião com a frase:

— *Vamos pensar neste assunto. Amanhã nos falamos de novo e vamos montar um plano de ação!*

Albert coordenou nos dez dias seguintes uma verdadeira campanha para tentar vender produtos. Abaixaram os preços, começaram a visitar possíveis clientes. Fizeram de tudo para reverterem os resultados.

— *Estivemos focados nestes últimos 10 dias e nosso resultado está sendo muito abaixo do esperado.* – disse Albert.

— *Tem horas que dá desespero.* – desabafou um dos seus diretores.

— *Será que conseguiremos?* – questionou outro diretor.

...

Sexta-feira. Após 30 dias de luta para aumentar as vendas, Albert terminou uma reunião e foi direto para o *Metropolis at Metrotown*, o maior shopping da cidade de *Vancouver*. Entrou no local pensativo. Foi direto para a livraria *Chapters*. Andou por todos os setores da livraria. Sentou-se em uma poltrona no setor de livros de gestão e vendas. Olhou para a prateleira e viu exposto o livro: "Criando alianças estratégicas para alavancar seus negócios".

Começou a folhear o livro. Eram mais de 250 páginas. Foi escrito para empreendedores. Tratava-se de um *best seller* que estava há mais de quatro semanas na lista dos mais vendidos do maior jornal do país.

Continuou a folhear o livro. Um capítulo chamou-lhe a atenção: "Procure parceiros que tenham o mesmo perfil de clientes que os seus! Encontre parceiros que não sejam seus concorrentes, mas que possam compartilhar a base de dados para você vender os seus produtos"!

Ligou imediatamente para seu diretor Steve. Comentou o que leu no livro. Perguntou se era possível achar algum parceiro que pudesse ceder sua base de clientes para eles trabalharem. Steve respondeu do outro lado da linha que eles teriam que buscar, mas que seria possível sim.

Steve lembrou-se de um amigo consultor de empresas. Marcou uma reunião com ele em um café, no *Granville Island Public Market*, um dos pontos turísticos mais visitados na cidade de *Vancouver*. Conversaram durante 40 minutos. Steve falou das dificuldades da empresa e que, naquele momento, necessitaria de um parceiro para alavancar as vendas do negócio que dirigia.

No mesmo dia, por volta das 17h00, Steve recebeu uma ligação desse seu amigo consultor. Havia achado a solução. Conhecia o presidente de uma empresa de software, Johny Hill, que tinha como clientes empresários de pequenas e médias empresas. Disse que este presidente estava disposto a fazer um acordo. A reunião foi marcada no hotel *Sheraton* para o dia seguinte.

...

Sábado de manhã. Hotel *Sheraton*. Durante a reunião, Albert e Steve disseram a Johny o quanto necessitavam chegar aos donos de pequenas e médias empresas, e que a carteira de clientes dele era de vital importância naquele momento. Chegaram, então, a um acordo: Johny os apresentaria aos seus clientes e, em troca, a empresa de Albert lhe daria 30% de todos os negócios realizados. Assim, começaram uma ALIANÇA ESTRATÉGICA.

...

Um ano depois.

Luxuoso restaurante *Blue Water*, localizado na St. *Hamilton*, em *Vancouver*.

— *Nossos negócios explodiram em vendas após aquela aliança. É preciso dividir para multiplicar. Poucos gestores de empresas pensam desta forma.* – falou Albert.

— *Muitos empresários deixam de ganhar mais porque não criam alianças estratégicas nos negócios.* – complementou Steve.

Após pagar a conta, Albert entregou um envelope para Steve.

— *Aqui está um cheque de U$ 1 milhão de dólares como prêmio por sua performance, Steve!*

— *Agradeço, mas nada disso seria possível se o senhor não tivesse a visão de fazer parcerias estratégicas para alavancar os negócios. Agora entendo porque algumas empresas decolam e outras não. Os empresários precisam entender que a sua prosperidade é proporcional ao número de alianças estratégicas que eles constroem. Se tivéssemos tentado resolver tudo sozinhos, não teríamos o desempenho de hoje. O resultado de uma empresa, muitas vezes, é fruto da quantidade de parcerias que a empresa tem!* – respondeu Steve.

— *Estamos fazendo um bom dinheiro. Temos, atualmente, 15 parceiros estratégicos nos nossos negócios em Vancouver. Os benefícios de parcerias, quando bem feitas, são incalculáveis! Mas agora tenho que partir.*

— *E quais são seus novos planos agora, chefe?*

— *Abrir uma filial em Sidney, na Austrália!* – respondeu Albert.

— *OK, VAMOS COMEÇAR TUDO DE NOVO!*

Capítulo 9

O MEDIADOR

Um homem saiu da estação do metrô na *Lexington Avenue* com a *63rd Street*. Carregava uma pasta e um envelope lacrado. Atravessou a rua em direção ao número 60, que ficava do outro lado. Parou em frente ao portão de um prédio de cor cinza. Apertou a campainha do 9º andar. A voz do outro lado perguntou:

— *Quem é?*

Ele prontamente respondeu:

— *Sou do escritório de advocacia Smith e Associados. Trago uma carta para o Sr. Jordan Sullivan.*

O portão abriu. O homem entrou e caminhou até a recepção. Deixou o envelope e partiu. A recepcionista foi até a sala de Jordan e deixou o envelope em cima da mesa. Em seguida, ligou para ele. Avisou que havia deixado em sua mesa um envelope de um conceituado escritório de advocacia de *Nova York*.

Vinte minutos depois, Jordan chegou ao escritório. Foi direto para sua sala. Abriu o envelope. Leu com atenção. Imediatamente ligou para o seu irmão, que também era seu sócio. A chamada durou um minuto.

Pouco tempo depois, seu irmão estava em sua sala. Ambos conversaram secretamente durante uma hora. Saiu por volta das 19h00.

Jordan saiu bem depois, por volta das 20h30. O trânsito estava carregado em *Manhattan*. Para atravessar duas quadras, demorou 15 minutos. Estava nervoso e com pressa.

Após duas horas de percurso, estacionou na garagem de sua casa. Passou pela sala, deu boa noite para sua esposa e sua filha e foi direto para o escritório, que ficava no andar superior de sua residência. De lá faz uma ligação para um grande amigo.

— *Jacob, tudo bem? Estou em casa. Sei que é tarde, mas necessito falar com você urgentemente!*

— *O que foi, Jordan?*

— *Estamos com um endividamento pesado em nossa empresa. Está quase parando, é desesperador. Deixamos de pagar vários fornecedores importantes e os nossos serviços estão sendo cortados aos poucos. Daqui a pouco teremos também problemas com a folha de pagamento.*

— *Diga-me uma coisa. Quanto vocês devem?*

— *Em torno de cinco milhões de dólares.* – respondeu Jordan.

— *Como vocês deixaram chegar nessa situação?*

— *Depois te explico, não posso falar muita coisa agora. Preciso de uma orientação. O que devo fazer?*

— *Você tem que renegociar suas dívidas para a empresa não parar. Tem alguém que possa fazer isso por você?*

— *Não, somente eu.*

— *Nem tente fazer isso! Em um endividamento, o dono da empresa é a última pessoa preparada para negociar os débitos. Jamais um dono deve sair negociando. Ele não está preparado! Além do mais, está abalado emocionalmente e sem condições de enxergar saídas. Você tem que ter um mediador.*

— *O que é isso?* – perguntou Jordan.

— *É alguém que lhe ajudará nas negociações. Alguém que tenha uma inteligência estratégica preparada para negociar dívidas de empresas.*

— *Você tem alguém?*

— *Tenho.*

— *Peça para essa pessoa ir até o meu escritório amanhã, por favor!*

...

Nove e meia da manhã. A campainha da empresa de Jordan tocou. Do lado de fora, uma senhora aparentando ter em torno de 60 anos. Muito elegante e bem vestida.

Ela entrou e aguardou na sala de reunião. Em cinco minutos, Jordan apareceu.

— *Olá, Sr. Jordan. Meu nome é Elizabeth Meyer.* – apresentou-se a senhora.

— *É um prazer conhecê-la!*

— *Meu cliente e seu amigo, o Sr. Jacob, disse que você necessita das minhas orientações. Meu trabalho consiste em renegociar as dívidas das empresas, fazer um escalonamento de acordo com o fluxo de caixa do negócio. Muitos empresários não conseguem fazer isso, pois estão no meio do furacão.* – disse Elizabeth.

Jordan pegou uma pasta no seu armário e entregou para Elizabeth.

— *Aqui estão todos os casos que temos em aberto. Fornecedores, bancos e outros.*

...

Nos três dias seguidos ao encontro, Elizabeth mergulhou profundamente no assunto. Trancou-se em seu escritório. Trabalhou 10, 12 horas por dia em todos os processos. Analisou caso a caso. Marcou outra reunião com Jordan.

— *Jordan, preciso de uma gentileza. Por favor, separe os débitos que podem atrapalhar a operação do seu negócio no dia a dia.*

— *Por quê?* – perguntou ele.

— *É assim que se começa um processo de inteligência estratégica para a renegociação de dívidas de uma empresa. Precisamos agir em cima do endividamento que pode travar a empresa!*

Jordan separou tudo que poderia 'travar' a empresa e entregou para Elizabeth.

— *Daqui a uma semana voltarei para nos falarmos novamente.* – disse ela.

Um carro aguardava Elizabeth em frente ao escritório de Jordan. Ela entrou no carro e partiram rumo à *Park Avenue* até a altura da *47th Street*. O carro estacionou na frente do prédio de número 115. Ela entrou e subiu até o 5º andar. Três homens a aguardavam.

— *Aqui estão os papéis. Temos um total de 13 negociações. Vamos dividir. Cada um ficará com mais ou menos cinco casos. Amanhã será nosso primeiro dia em cima destas renegociações!* – disse Elizabeth para os seus três assessores.

...

Manhã do dia seguinte. Elizabeth e seus assessores chegaram cedo ao escritório. Iniciaram as negociações. Trabalharam até às 20h00. Essa rotina estendeu-se por três dias seguidos. No quarto dia, Elizabeth ligou para Jordan:

— *Jordan, trabalho finalizado. Amanhã estaremos aí às 08h00.*

— *Adiante-me alguma coisa, Elizabeth.* – disse Jordan.

— *O que posso dizer é que a operação foi bem-sucedida. Todo endividamento que ameaçava "travar" a empresa, foi renegociado. Como havia dito, o dono não pode ser o negociador. É preciso um mediador. O dono necessita de paz para produzir, de tranquilidade para tocar seus negócios. E é este o nosso trabalho, dar paz ao empresário!*

Jordan desligou o telefone. Arrumou sua mesa. Pegou sua pasta. Partiu rumo a sua casa. Estava contente a bordo do seu *BMW*.

...

Ao chegar em casa, pegou o telefone e fez imediatamente outra ligação:

— *Jacob, pode falar?* – disse Jordan de dentro do escritório da sua mansão, em *Long Island*.

— *Sim, Jordan.*

— *Agradeço a indicação da Elizabeth!*

Jacob, então, disse:

— *Um dos maiores erros de um empresário é querer negociar as dívidas da sua própria empresa. Muitos estão profundamente abalados, estão emocionalmente no fundo do poço. Eles não têm energia para negociar, por isso acabam fazendo más negociações. Por isso a necessidade de utilizar um mediador.*

— *Nunca parei para pensar nisso.* – respondeu Jordan.

— *É uma realidade. Ao invés de se salvarem, acabam se afogando cada vez mais. Se todo empresário nomeasse alguém para ajudar nas negociações, seriam muito mais bem-sucedidos.*

— *Jacob, obrigado por tudo!*

— *Quero lhe dizer outra coisa, Jordan.*

— *O que é?* – perguntou Jordan.

— *QUERO LHE FAZER UM PEDIDO: NÃO FAÇA MAIS DÍVIDAS!* – e desligou o telefone.

Capítulo 10

UM GRANDE ALIADO: A SUA MENTE

Um casal atravessou a *7th Avenue*, em *Manhattan*, às 14h00 de uma segunda-feira. Fazia um calor de 30 graus. Entraram em um prédio espelhado, no número 518, lado par. Identificaram-se na portaria e subiram até o 25° andar. Uma recepcionista os aguardava. Entraram em uma sala magnífica, toda cheia de molduras, quadros e decoração. Seus olhos ficaram admirados com a beleza da sala. Uma copeira veio servir-lhes água e café.

O relógio na parede marcava 14h05 quando a porta da sala de reuniões se abriu. Estavam diante de uma das maiores publicitárias do mundo.

— *Como vão vocês?* – perguntou a publicitária Regina Lansky para o casal.

— *Gostaríamos de agradecer a gentileza de nos receber. Nosso amigo Bob foi quem organizou este encontro.*

— *Em que posso ajudá-los?* – perguntou Regina.

— *Temos uma rede de lojas de chocolates, a maioria delas é franqueada.*

— *Vocês têm fábrica?*

— *Sim, a fábrica é nossa.*

— *E o que está acontecendo?* – perguntou Regina.

Neste momento, John retira de sua pasta a notificação de um franqueado querendo devolver a franquia adquirida porque o volume de vendas está muito baixo.

— *Temos enfrentado vários concorrentes nos últimos tempos. Nosso volume de vendas caiu consideravelmente. Estas lojas são franqueadas e os franqueados estão reclamando. Veja esta notificação de um deles. O mesmo disse não ter mais interesse no negócio.*

A publicitária ficou em silêncio. Calou-se. Leu a carta com calma. Ficou assustada.

— *O que vocês têm feito de diferente?* – perguntou Regina.

— *Estamos fazendo o de sempre. Divulgamos a marca dos nossos chocolates em revistas, propagandas... Somente isso.*

— *Fora isso, o que mais fazem?*

— *Mais nada. Os clientes estão nos deixando.*

— *Espere um minuto. Já volto.* – disse a publicitária.

O casal ficou quieto na sala. Um olhou para o outro e continuaram a tomar o café. John pegou um papel e começou a rascunhar algo. Mary somente olhava para o seu celular.

John levantou-se e caminhou até a janela:

— *Será que ela poderá nos ajudar?*

— *Acredito que sim!* – respondeu sua esposa, Mary.

Cinco minutos depois:

— *Preciso fazer uma pergunta para vocês dois.*

— *Claro!*

— *Qual é a elasticidade da marca de vocês? O que a marca pode vender a mais para os mesmos clientes? O que é que seus clientes comprariam a mais dentro do estabelecimento de vocês?*

— *Precisamos falar isto agora? Podemos pensar?*

— *Claro! Pensem em uma resposta. Ela será a salvação da sua empresa!* – finalizou Regina.

O casal saiu do prédio e seguiu em direção a casa deles. Eram quase 17h00. Aproveitaram para passar no colégio e apanhar a filha de cinco anos. Durante o trajeto até a casa, os dois permaneceram calados.

No dia seguinte, o casal estava na mesa do café. O relógio marcava 07h00 da manhã. Tanto John quanto Mary estavam calados. Havia preocupação nos olhos dos dois.

Após o café, foram para o escritório. No caminho conversaram sobre o que a publicitária pediu: "um novo produto para a rede de lojas". O assunto foi o mesmo durante todo o trajeto de casa até a empresa.

Entraram no escritório ainda conversando. Cumprimentaram a recepcionista e foram direto para a sala. Conversaram mais duas horas. Estavam focados na solução.

...

Hora do almoço. Mary pediu para que lhe trouxessem algo. Iria comer no escritório.

— *Vou sair. Quero caminhar um pouco.* – diz John para Mary.

Ele saiu preocupado caminhando por *Manhattan*. Retornou às 14h00 para o escritório. Mary estava sentada e preocupada também.

— *John, um dos franqueados acabou de me ligar. Ele disse que poderá cancelar nosso contrato a qualquer momento, pois afirma que está sendo afetado pelos concorrentes e que talvez o nosso negócio não interesse mais a ele.* – disse Mary para John.

John sentou-se e colocou as mãos no rosto. Estava sendo pressionado por todos os lados.

— *Vou sair, preciso pensar.*

Ele, então, saiu do escritório. Rumou direto para sua casa de campo, em *Long Island*.

— Ficarei aqui até amanhã cedo. Tenho que pensar em algo. – disse em uma ligação para Mary.

Manhã do dia seguinte. John não tomou café. Entrou no carro e seguiu de volta a *Manhattan*. O trânsito estava bom. Um trajeto que normalmente consome 40 minutos foi feito em 30.

Chegando em casa, estacionou na rua, desceu, cumprimentou seu vizinho e entrou rapidamente.

— *Mary, acorde! Tenho uma solução!*

— *O que é?*

— *Vamos servir café nas lojas! Este é o caminho. O café é um produto novo para nossos clientes. Vamos atrair mais pessoas. Ninguém fica sem tomar café. Nossa marca comporta vender este produto. Ele tem sinergia com nossos produtos atuais!*

Conversaram durante quarenta minutos sobre esta ideia. Ligaram para a gerente de marketing da rede e partiram rumo ao escritório. Chegando lá, a gerente Ane Mcgregor já os aguardava.

Falaram entusiasticamente sobre a nova ideia:

— *Além de vendermos chocolates, também serviremos café nas lojas. Por que não pensamos nisto antes?* – disseram John e Mary para Ane, a gerente de marketing.

Chegaram à conclusão de que servir café era um produto novo, e que consequentemente atrairia mais clientes para as lojas.

Ane começou a fazer anotações em um bloco de papel. Começou a rascunhar os nomes que teria cada café. Não parava de escrever.

— *Imaginem que o tempo de permanência do cliente na loja praticamente triplicará!* – disse ela para o casal.

Durante a reunião, John percorreu uma série de sites de todo o mundo. Verificou como trabalhavam as melhores cafeterias da Europa e Estados Unidos. Trabalharam intensamente no projeto.

— *John, como você teve essa ideia?* – perguntou Mary.

— *Lembrei-me de uma frase que ouvi de um grande consultor empresarial em vários programas de TV. A frase era: "Tenha produtos novos para clientes antigos. Todo empresário tem que pensar nisso!".*

— *E o que o levou a lembrar dessa história?* – perguntou Mary.

— *Não dormi de ontem para hoje. Fiquei em nossa casa, em Long Island, meditando. Um amigo e grande empresário disse-me certa vez que o seu sucesso era devido às horas em que se isolava e meditava sobre determinado assunto. Ele saiu da falência somente ajustando sua mente e meditando sobre a solução de determinados problemas!*

— *Como assim?*

Ele, então, virou-se para Mary e respondeu:

— *A coisa mais difícil para um empresário quando está no olho do furacão é pensar. O empresário tem que se isolar, tem que pensar, pois se pensar, a solução aparece. Depois que conversamos com a publicitária Regina Lansky, minha cabeça não pensou em outra coisa a não ser neste novo produto para meus clientes. Mas foi fundamental retirar-me um dia para pensar nisso, ou seja, meditar. Grandes empresários usam o poder da meditação para descobrir a solução para muitos dos seus problemas.*

...

Um ano depois.

Hotel *Sheraton*, centro de *Manhattan*. O salão de jantar estava completamente cheio. Eram quase 10h00 da noite. O coquetel já havia sido servido. Motivo da reunião: "Comemoração de bons resultados do último ano".

Um casal na mesa principal do jantar recebia cumprimentos. Eram fotografados. Estavam sorridentes e felizes. A mulher virou-se para o homem:

— *Você acredita nisso? Pensar que um ano atrás estávamos com sérios problemas!* – disse Mary.

— *Pois é. Agora minha mente é minha parceira nos negócios!* – respondeu John.

Neste momento, aproximou-se da mesa do casal um homem aparentando seus 40 e poucos anos. Em sua camisa havia um broche: "Franqueado do ano". Ele, então, dirigiu-se ao casal:

— *MUITO OBRIGADO! INVESTI CORRETAMENTE MEU DINHEIRO EM UMA ÓTIMA FRANQUIA!*

Capítulo 11

CONSTRUINDO UM IMPÉRIO

Los *Angeles*. Maio de 2003. A noite se aproximava. Um táxi saiu do aeroporto e avançou sentido *Beverly Hills*. Ao entrar pela *Rodeo Drive*, parou em frente ao luxuosíssimo hotel *Beverly Wilshire*. Um homem aparentando 45 anos desceu do táxi e entrou no hotel. Caminhou pela recepção toda de mármore. O "pé direito" do hall de entrada beirava os quatro metros. Um lustre grandioso dava um ar de castelo europeu. Um cheiro de perfume agradável estava em toda a recepção.

— *Bem vindo ao Beverly Wilshire!* – disse a recepcionista.

— *Por favor, tenho uma reserva em meu nome. James Smith.*

— *Aqui estão as chaves e o nosso cartão. Se precisar de algo, Sr. Smith, por favor, nos ligue de onde estiver. Estamos à disposição 24 horas para os nossos hóspedes!* – finalizou a recepcionista.

James seguiu em direção ao elevador. Subiu até o segundo andar. Caminhou pelo corredor e parou em frente ao apartamento 217. Abriu a porta. Uma mesa estava montada com os melhores queijos e uma garrafa de vinho *Richebourg Grand Cru*.

Acomodou sua bagagem. Pendurou as camisas e os ternos. Olhou para o relógio: 19h00!

Às 19h30, James desceu para o *american bar*. Sentou-se em uma poltrona marrom. Em sua frente, sobre a mesa, havia uma carta de bebidas. A vista dava para a *Rodeo Drive*.

Cinco minutos depois, um homem elegantemente vestido com um terno azul aproximou-se da mesa. Era Carl Long, diretor de operações da empresa de aluguel de carros fundada por pelo próprio James Smith.

— *Prazer em vê-lo novamente*, James!

— *Carl, agradeço imensamente por ter vindo!* – disse James para seu diretor.

Carl retirou de sua pasta vários papéis. Mostrou o ótimo desempenho que a empresa teve nos últimos seis meses. Apresentou para James o balancete e o saldo que estava na conta da empresa: U$ 2 milhões de dólares. A empresa estava operando no azul e dando lucro.

Depois de 20 minutos de conversa, Carl virou-se para James:

— *Sua empresa está em um ótimo momento, mas preciso lhe dizer algo. Sou contra sua ideia de expansão através de filiais.*

— *Como assim?* – surpreendeu-se James depois do que o diretor acabara de dizer.

— *Sei que você é o dono do negócio, mas se quiser expandir sua empresa desta forma, poderá ter sérios problemas lá na frente. Por isso, não sei se esta é a melhor forma de expansão!*

James não acreditava no que o diretor dissera. Veio até *Los Angeles* somente para tratar da expansão do seu negócio. Foi um choque.

Carl, então, abriu sua pasta. Mostrou pelo menos três matérias de uma revista de negócios. As matérias diziam que uma das principais causas de falência de muitas empresas é a expansão, principalmente através de filiais.

Mostrou também uma matéria de um jornal de economia com o título: "A expansão de uma empresa pode custar muito caro".

James olhou as matérias em silêncio. De repente, retirou de sua pasta uma folha em branco. Começou a rascunhar quais seriam os lucros se a expansão fosse através de filiais. Carl assistia tudo calado, mas mexia a cabeça de uma forma negativa com as explicações do patrão.

Carl tirou o celular do bolso e ligou para outro diretor da empresa. Passou o fone para James. Falaram durante três minutos. Este diretor também se mostrou contrário à ideia de expandirem através de filiais.

— *James, você se lembra do John Powell? Aquele nosso amigo que tinha uma rede de loja de calçados femininos?*

— *Sim, claro! Ele foi à falência.*

— *Pois é. Uma vez ele me contou que, enquanto tinha somente uma loja, ganhou muito dinheiro. Depois, abriu as filiais e perdeu tudo que tinha. Lembro-me muito bem dele ter explicado que qualquer empresário que abre filiais, vê sua despesa fixa crescer assustadoramente, e os lucros não crescerem na mesma proporção!* – falou Carl.

O empresário ficou em silêncio. Minutos depois, chamou o garçom. Pediu uma garrafa de *Jack Daniels*. Conversaram até a meia noite e despediram-se.

James chamou o elevador. Assim que entrou em sua suíte, sentou-se na poltrona vermelha da sala de estar. Contemplou pela janela uma vista espetacular da cidade de *Beverly Hills*. Saiu até a sacada. Admirou as mansões cinematográficas dos ricos e famosos de *Hollywood*. Foi dormir.

...

— *Bom dia! São 08h00 da manhã. O senhor prefere descer para tomar seu café ou quer que levemos até o quarto?* – perguntou a recepcionista.

— *Estou descendo. Obrigado!*

Tomou seu café em 10 minutos. Passou pela recepção. Apanhou o jornal do dia. Um automóvel *Bentley* branco o aguardava na porta do hotel.

Entrou no veículo. Seguiram pela *Boulevard Santa Monica* sentido *West Hollywood*. Durante o trajeto, James examinou todos os papéis deixados por Carl na reunião que tiveram na noite anterior, no *american bar* do hotel.

Seu rosto expressava preocupação. São informações alertando que uma expansão por filiais aumenta, e muito, o custo fixo de um negócio. Seguiu calado no carro. Afrouxou a gravata. Olhou com calma as matérias das revistas e do jornal. Fez duas ou três ligações através do seu celular.

Vinte minutos após ter deixado o hotel, pediu para o motorista parar em uma *Starbucks*. Entrou na cafeteria, pediu um café, fez mais quatro ou cinco ligações e seguiu novamente o trajeto.

O carro avançou pela rodovia 101, sentido centro de *Los Angeles*. O motorista ligou o rádio para descontrair o clima. James continuava nervoso. Finalmente chegaram na *Main Street*, número 51, em frente ao *Los Angeles City Hall*.

O *Bentley* estacionou no subsolo. James desceu, entrou no elevador e parou no 3º andar. Sofia foi a primeira pessoa a saudá-lo:

— *Como vai o senhor?*

— *Estou bem, Sofia. Prazer em revê-la!*

— *Já estão todos lhe esperando para a reunião.*

Seguiu em direção à sala de reuniões. Carl, que estivera com James na noite anterior e Oliver, o outro diretor que conversou por telefone com ambos na mesma ocasião, o estavam aguardando.

— *Sabemos que veio de Nova York até aqui para discutirmos se vale a pena ou não abrir filiais da sua empresa. Conforme nossa reunião de ontem, achamos que podemos expandir de outra forma.* – disse seu diretor, Carl.

— *Por que vocês são tão contra a expansão desta forma?*

— *A empresa está em um momento muito bom. Temos caixa! Uma expansão através de filiais poderá significar perda de foco.*

— *Eu tenho direito de expandir o meu negócio!* – falou James em um tom mais alto.

— *Claro que sim, mas somos seus executivos e você, como dono, não nos mostrou um plano concreto de expansão. Seus planos exigem milhares de investimentos, contratação de empregados, pontos comerciais, etc. Temos nossas dúvidas!*

— *A palavra final é minha. Vamos montar filiais.* – falou por último James, deixando-os sozinhos na sala.

Tanto Carl como Oliver mostraram insatisfação diante da decisão do chefe:

— *Somente um milagre para tirar essa ideia da cabeça dele.* – disse Carl para Oliver.

— *Quem sabe pode acontecer um milagre!* – rebateu Oliver.

James ficou no escritório até o final do dia. Às 18h00, ligou para Vivian Russell, consultora empresarial, a fim de convidá-la para jantar. Além de consultora, Vivian era filha de um dos empresários mais prósperos da *Costa Oeste Americana*. O jantar foi, então, marcado para às 21h00 no finíssimo restaurante *Spago*.

— *Agradeço por estar aqui hoje!* – disse James para Vivian.

— *Obrigada, James.*

Vivian pediu um Martini. James, uma dose de *Jack Daniels*.

— *Preciso de uma orientação, Vivian. O que você acha da expansão dos meus negócios através de abertura de filiais?*

Vivian o olhou com uma expressão apavorada.

— *Muito cuidado, James. Há negócios que não podem se expandir através de filiais. Uma das maiores causas de perda de lucratividade e falência de um negócio é a expansão através de filiais. Há várias outras formas de expansão, como por exemplo, distribuidores, parceiros estratégicos, revendedores, representantes, etc. Até mesmo franquias!* – disse ela.

— *Você acha mesmo que não devo expandir meus negócios através de filiais?*

— *Não é isso que quero lhe dizer. O que preciso alertar é que a expansão através de filiais, além de tomar dinheiro, também toma muita energia. Por isso o cuidado especial.*

Ele assustou-se com a resposta dela.

— *Nem todos os negócios podem ser expandidos da mesma forma. Claro que você deve expandir os seus negócios, mas cada empresa exige um modelo adequado de expansão. Você criou uma marca e um modelo de negócios altamente lucrativo no setor de aluguel de automóveis. Agora está na hora de replicar tudo isso!*

— *Como assim?* – perguntou James.

— *Em minha opinião, o modelo ideal para a expansão dos seus negócios são as franquias. Seus franqueados pagarão a você royalties mensais em cima de sua marca e do modelo de negócios que você criou. Veja a Herts, Alamo, Avis e outras. São todas franquias! Pode até parecer que você ganhará menos, mas com certeza você ganhará muito mais e sua expansão será mais sólida. Além de poder chegar em todas as partes dos Estados Unidos!*

— *Eu não havia pensado desta forma.*

— *Então pense. Seu foco tem que ser cuidar da marca e aprimorar ainda mais o modelo de negócios. Seus franqueados é que abrirão escritórios e pagarão os royalties. Se você insistir neste negócio de filiais, daqui a pouco terá triplicado seu custo fixo e sua despesa mensal. Claro que há outras formas de expansão de filiais. Alguns empresários têm distribuidores, revendedores, etc. Mas a maioria dos que pensam em crescer através de filiais, tem enormes problemas. Vou lhe dizer mais uma vez: filial pode significar, muitas vezes, aumento de energia, custo fixo e, principalmente, endividamento.* – rebateu Vivian.

James ficou mudo. Tomou mais uma dose do seu *Jack Daniels*. Não tinha palavras.

Às 23h30, já estava de volta ao hotel. Tomou o elevador. Entrou no apartamento. Ligou o computador e passou uma mensagem para Carl e Oliver às 23h45.

"NÃO ABRIREMOS MAIS FILIAIS".

...

No outro dia de manhã, na sede da empresa:

— *Bom dia, Oliver. Viu o e-mail que James nos enviou ontem à noite?*

— *Ainda não!*

— *Então veja! Mas já vou adiantando: MILAGRES ACONTECEM NO MUNDO DOS NEGÓCIOS!*

Capítulo 12

POR QUE A SUA EMPRESA EXISTE?

Edílson Lopes

Las Vegas, julho de 2009. Um grupo de quatro empresários e sócios discutia o futuro da empresa deles no luxuoso hotel *MGM*. A cidade estava repleta de turistas de todo o mundo. Os cassinos estavam abarrotados. Pessoas elegantes e bem vestidas divertiam-se na capital mundial do entretenimento.

Os quatro homens reuniam-se anualmente naquele hotel para falar sobre a empresa deles, a *The World's Diamonds*, uma rede de joalherias com 25 lojas espalhadas pelas maiores e mais belas capitais do mundo. Estavam presentes em *Nova York, Paris, Londres, Amsterdam* e várias outras. Naquela noite jantavam em um elegante restaurante dentro do próprio hotel.

Por volta das 21h30, um deles retirou de sua pasta um relatório anual dos lucros da empresa. Exibiu para os outros três sócios. Todos ficaram pensativos quando viram os papéis. Não estavam satisfeitos, o lucro havia estagnado nos últimos três anos.

O mal estar instalou-se na mesa entre os quatro. As informações que eles tinham em mãos davam conta de que o negócio estava no mesmo patamar há três anos, enquanto os concorrentes continuavam crescendo.

— *Por que paramos de crescer, enquanto dois dos nossos principais concorrentes estão crescendo como nunca?* – perguntou um deles.

— *Confesso que realmente não sei.* – respondeu outro sócio, que vestia um blazer azul e tinha aparência italiana.

Conversaram por mais 40 minutos. Despediram-se e cada um subiu para o seu apartamento.

...

No dia seguinte, os quatro se encontraram no mesmo horário para o café da manhã. O que tinha a aparência de italiano, desta vez estava vestido com uma camisa branca e carregava mais relatórios em suas mãos. Antes de sentar-se a mesa, um dos sócios já falou:

— *Dino, já discutimos sobre isso ontem. Vamos pensar em uma solução!*

— *Vamos não, nós precisamos encontrar uma solução. Nosso desafio é crescer, fortalecer nossa marca e aumentar nossos lucros!* – respondeu.

Eles, então, terminaram o café e partiram para uma sala que haviam alugado para a reunião com os gerentes das lojas e da empresa naquela mesma manhã.

A reunião com os gerentes começou às 10h00 e foi até o final do dia. Estavam presentes os gerentes das 25 lojas da rede e também os gerentes de vendas, marketing, recursos humanos, compras e novos negócios da rede. Discutiram exaustivamente uma forma de a rede crescer. Falaram de novos produtos, novos modelos, mas não conseguiram achar uma solução sequer para decolar a marca.

No final do dia estavam exaustos. Não acharam nenhum outro caminho. Sentiam-se derrotados, os sócios e os gerentes.

Quando estavam saindo da sala, o gerente da loja de *Nova York* virou-se para Dino:

— *Chefe, sabemos que o dia de trabalho foi intenso e que não encontramos nenhuma solução. Porém, gostaria de lhe perguntar algo.*

— *Pode perguntar!* – respondeu Dino.

— *Por que fazemos nossas joias? Qual é o motivo de fazermos os nossos produtos?*

Dino ficou quieto. Não respondeu. Não tinha resposta. Foi pego de surpresa. Respirou um pouco e disse:

— *Martin, realmente não sei a reposta!*

— *Escute, chefe. Ontem li um artigo de uma conceituada revista e o consultor escreveu algo que temos que pensar urgentemente.*

— *E o que é?* – perguntou Dino.

— *O artigo dizia que os clientes não compram o que as empresas fazem. Os clientes compram o porquê elas fazem. Precisamos achar o motivo de estarmos fazendo joias.*

Dino parou naquele momento. Sentou-se de volta à mesa. Ficou quieto, estava sem resposta. Jamais alguém havia feito a ele uma pergunta desta natureza. Estava ali um desafio: responder a essa pergunta.

— *Martin, por favor, explique isso direito. Preciso entender!*

— *Precisamos encontrar um motivo pelo qual fazemos nossas joias. Temos que atrelar isso a nossa marca e também a todos os nossos funcionários. Precisamos saber por que existimos. A maioria das empresas não sabe o porquê de fazerem seus produtos ou prestarem seus serviços.*

Os gerentes estavam deixando a sala quando Dino falou:

— *Peço, por favor, que voltem imediatamente. Precisamos continuar nossa reunião!*

O relógio marcava 19h00. Todos voltaram. Alguns pareceram não gostar de ter que voltar para a sala.

— *Sei que alguns não gostaram da ideia de voltarmos para a reunião, mas precisamos encontrar a resposta para a pergunta do Martin.*

Dino, então, mudou totalmente o foco da reunião. Ao invés de ficarem falando de estratégias, mercado e produtos, começaram imediatamente um intenso trabalho de perguntas e repostas para descobrir qual a razão da existência da empresa.

Por volta das 23h30, após inúmeros debates, ideias, etc., finalmente chegaram a um consenso sobre porque fabricavam suas joias: "Para fortalecer a autoestima das mulheres". Essa foi a chave para tudo. Descobriram que o verdadeiro motivo da empresa existir é que eles queriam que as mulheres elevassem sua autoestima.

Todos ficaram eufóricos a partir daquele momento. E a pergunta que faziam o tempo todo entre eles era:

— *Por que nossa empresa existe?*

E todos já tinham uma resposta:

— *Para elevar a autoestima das mulheres!*

— *Por favor, nos traga o cardápio. Vamos ficar na sala por mais um tempo.* – informou Dino ao restaurante do hotel pelo telefone.

Quase 01h00 da manhã. Após estabelecerem este novo conceito, um dos sócios de Dino disse aos gerentes:

— *Todos os nossos funcionários precisam saber o porquê da empresa existir. Do faxineiro ao presidente. Isso tem que ser colocado em todos os cantos da empresa. Passará a ser o nosso DNA. Tenho certeza de que aumentaremos, e muito, o nosso lucro depois dessa inesquecível noite aqui em Vegas!*

Os participantes começaram a pensar em uma estratégia para comunicar isso a todos os funcionários da rede, em todos os países em que atuavam. Chegaram, então, a uma decisão: produziriam um filme contando a história da empresa, desde a fundação até os dias de hoje. O filme seria uma forma de passar aos funcionários que a verdadeira missão da empresa era: "Aumentar a autoestima das mulheres".

— *Fica estabelecido que, daqui pra frente, todo funcionário que entrar na rede assistirá a esse filme para entender o significado da nossa existência!* – disse a gerente de RH.

— *A partir de agora, nossa marca precisa criar essa percepção na cabeça dos clientes também. É preciso transmitir esse conceito em nossa comunicação. Vamos montar um plano de ação para isso!* – falou Steve Johnson, gerente de marketing da empresa.

Por volta das 03h00, foi a vez do gerente de compras falar. Um senhor que aparentava ter seus 60 anos, alinhado em um terno estilo italiano e usando óculos de grau:

— *Acho que seria interessante se os fornecedores também soubessem disso!* – falou calmamente.

A estratégia foi montada. A visão estratégica da empresa teria que estar clara junto aos clientes, funcionários e fornecedores. Um plano de ação foi desenhado.

04h15 da manhã. Dino pediu novamente a palavra:

— *Peço desculpas por segurá-los aqui até a essa hora, mas poucos empresários no mundo sabem porque criaram suas empresas. Depois de tanto tempo juntos, precisávamos estar aqui para descobrir isso. Valeu a pena, pois descobrimos a razão da nossa empresa existir. Gostaria de chamar agora o nosso gerente Martin, que nos despertou para isso, que nos fez ficar aqui até essa hora. Martin, por favor, venha até aqui!*

Martin, então, aproximou-se da mesa principal junto aos sócios. Dino falou no microfone:

— *Queremos lhe agradecer por tudo que aconteceu nessa noite. Se estamos aqui até agora e se achamos o real motivo da nossa empresa existir, foi tudo graças a você. Por isso, quero lhe dar um presente!*

Neste momento, todos os gerentes ficaram em pé.

— *Quero que você traga toda sua família para cá amanhã cedo. Todas as despesas ficarão por nossa conta!*

Dino foi aplaudido com entusiasmo.

Martin, então, pegou o microfone. Agradeceu a todos e também ao presente. Estava muito contente.

— *Confesso que jamais pensei em provocar uma revolução na nossa reunião após a pergunta que fiz para o senhor Dino. Na verdade, fiz essa pergunta porque vi uma matéria em uma importante revista de negócios onde dizia que 70% das empresas desconhece o motivo pelo qual foram criadas. Ninguém sabe, nem os fundadores, nem os clientes e tampouco os funcionários.*

05h30min. da manhã. Amanhecia em *Las Vegas*. A cidade, que é conhecida pelos seus luxuosos cassinos e hotéis, está localizada no meio do deserto do estado de *Nevada*. Tudo estava calmo naquela hora. Nem parecia que era a capital do entretenimento. O sol já emitia seus primeiros raios. As luzes verdes e a estátua prata de um leão na entrada do luxuoso hotel *MGM* davam um brilho todo especial àquela manhã. Na área reservada ao café, os quatro sócios e os 30 gerentes tomavam café da manhã eufóricos.

E no meio da refeição, um dos sócios levantou-se e disse:

— *MAIS UMA VEZ AGRADEÇO A TODOS POR ESSA NOITE INESQUECÍVEL. IMAGINO QUANTAS EMPRESAS NO MUNDO AINDA NÃO DESCOBRIRAM O PORQUÊ DA SUA EXISTÊNCIA. MAS ISSO AGORA FAZ PARTE DO NOSSO PASSADO. NOSSO FUTURO SERÁ INFINITO A PARTIR DE AGORA. ABRAÇO A TODOS E HOJE O NOSSO DIA SERÁ DE DIVERSÃO!*

Capítulo 13

O VENDEDOR DE SONHOS

Edward Fischer aproximou-se do balcão. Pediu uma garrafa de água. Sentou-se em uma das mesas do *american bar* do restaurante, o *Harbour House*. Tirou da pasta vários relatórios. Leu todos com calma. Abriu seu *notebook*. Escreveu durante 10 minutos. Tirou o celular, fez duas ligações.

Vinte minutos depois, apareceu uma elegante senhora. Estava vestida de forma social. Conversaram por 40 minutos seguidos. Ela mostrou a ele um *folder* com vários tipos de perfumes.

Levantaram-se, foram para a área reservada às refeições. Escolheram uma mesa ao lado da janela. A vista era toda da baía do rio *Hudson*. Ele pediu um salmão. Ela, um risoto de camarão. Ficaram por uma hora no restaurante. Um homem aproximou-se deles, sentou e também tirou da pasta vários papéis. Ficaram ali os três, por mais de duas horas.

Duas horas da manhã. Eles se despediram. Edward pagou a conta. Os três saíram juntos do restaurante. Contemplaram a linda vista do rio *Hudson* naquela hora. Entraram em seus respectivos carros e saíram pela madrugada de *Nova York*.

...

Construindo um império

Manhã do dia seguinte. Edward entrou em seu escritório carregando um dos *folders* da reunião da noite passada. Foi direto para sua sala, sentou-se e tirou uma fotografia de um dos *folders*. Enviou a foto para seu sócio, Tony Murphy, que está do outro lado do oceano, em *Londres*!

— *Tony, recebeu nosso folder? Acabei de enviar. É a nossa chance de nos levantarmos!*

— *Recebi.*

— *Então veja, pois temos que agir rápido. Não podemos esperar. Nossos resultados não estão bons!*

— *Já te ligo.*

De *Londres*, Tony examinou com calma o *folder* da nova linha de perfumes que estavam lançando. Eles atuavam nos *Estados Unidos* e *Inglaterra*.

Quinze minutos depois:

— *Edward, eles ficaram muito bons, mas preciso lhe dizer algo. Você sabe que o nosso negócio é Marketing Multinível. Dependemos do nosso esquadrão de campo. Dependemos deles para alavancar nossos negócios. É importante ter produtos novos, mas o mais importante é fazer a nossa máquina de vendas vender!*

— *Você tem razão, mas temos que ter produtos novos.*

— *Concordo, mas nosso foco não pode ser somente esse. Produto bom, sei que temos. Precisamos agora é vendê-los. Seu desafio está em criar uma máquina de vendas!* – respondeu Tony.

Edward desligou o telefone. Estava nervoso. Investiu um bom dinheiro e tempo na criação de novos produtos.

Saiu do escritório pela garagem. Entrou no carro, partiu em direção ao *Central Park*. Estacionou na *59th Street* com a *7th Avenue*. Olhou para o prédio onde começou, há sete anos, sua empresa de venda de perfumes porta a porta. Ficou ali parado por cinco minutos. Entrou na *Starbucks* ao lado. Começou a navegar pela internet através do seu celular.

Entrou em um site de negócios que visitava regularmente. Uma matéria de um dos maiores empreendedores de vendas diretas estava estampada na capa do site. Abriu a matéria, leu com calma. O empreendedor em questão era o espanhol Raul Rivera. Ele tinha uma empresa que atuava no *México*, *Canadá* e *Estados Unidos*.

Na entrevista, Raul disse uma frase que espantou Edward: "Quando comecei, tinha um sonho de ter, pelo menos, dois mil homens trabalhando para mim. Posso dizer, com orgulho, que já ultrapassei essa marca".

Havia outra frase impressionante na matéria: "Todo empresário necessita ter um sonho. Mas o mais importante é esse empresário entender que ele é a grande ponte para que seus funcionários realizem os sonhos deles".

Imediatamente, Edward retirou uma folha de papel em branco da pasta. Escreveu qual seria o seu sonho dali para frente: "Quero ter três mil pessoas trabalhando para mim".

Enviou uma mensagem para Tony, seu sócio em *Londres*: "Temos um novo sonho. Teremos três mil pessoas trabalhando para nós".

Pagou a conta. Saiu da cafeteria. Retornou para o escritório. Pediu para fazerem um quadro com o novo sonho da empresa: "3.000 homens trabalhando para nós".

O empresário passou a tarde toda com seus diretores falando sobre a ideia de ter três mil pessoas trabalhando para sua empresa. Seu quadro atual era de 500 pessoas.

...

Uma semana depois. Tony, seu sócio, desembarcou em *Nova York*, no aeroporto *John F. Kennedy*. Pegou um táxi em direção ao escritório. Em quarenta minutos já estava de frente com *Edward*, na sala do escritório.

— *Edward, que desafio maluco é esse? Três mil pessoas trabalhando para nós?*

— *Sei que o sonho é maluco, mas preciso sonhar!* – respondeu Edward para Tony.

— *E como faremos para chegar a três mil homens na rua vendendo para nós?*

— *Temos que vender este sonho para nossos 500 homens atuais!*

— *Como?*

— *Mostrando que eles também podem ter três mil pessoas trabalhando para eles.*

— *Não entendi.* – disse Tony.

— *Veja bem. Como eles também podem ter pessoas trabalhando para eles, então, nossa função é ajudá-los nisso. E quando os ajudamos, automaticamente estamos crescendo. Concorda?*

— *Sim, concordo.*

Uma semana depois, os dois estavam em reunião com seus principais líderes de equipe. Alugaram um auditório no *Trump International Hotel*. Cerca de 30 líderes estavam no local.

A reunião começou às 09h00 da manhã e foi até às 11h00 da noite. Com 10 minutos de reunião, Edward mostrou um filme com o título: "3.000 pessoas trabalhando para você".

Durante sua apresentação, Edward ensinou os caminhos para recrutar e selecionar pessoas. Ele levou seus líderes à loucura quando mostrou as estratégias para alcançar este feito.

Por volta das 18h00, uma surpresa. Edward chamou ao palco o empresário Raul Rivera, o mesmo que havia lhe inspirado através da entrevista no site.

Raul falou por 30 minutos. A plateia ficou estarrecida com suas palavras. Todos ficaram empolgados. Foi aplaudido de pé por mais de cinco minutos.

Ao final da palestra, Edward acompanhou Raul até o carro:

— *Raul, sabia que tudo isso começou depois que li sua entrevista no site?*

— *Fico honrado com isso, Edward. Porém, gostaria de lhe dar uma dica que melhorará, e muito, sua performance como empresário!* – respondeu Raul.

— *Sim, e qual seria essa dica?*

— *Pense sempre sob a ótica do que as pessoas querem, e não do que você quer. Muitos empresários falham por esse motivo. Eles não entendem que o que a equipe quer, muitas vezes é diferente do que eles querem.*

— *Concordo. Vou pensar dessa forma daqui pra frente.* – respondeu Edward.

— *Aprendi cedo uma frase que me deixou milionário!* – disse Raul.

— *Qual é?*

— *Se quer realizar os seus sonhos, ajude as pessoas a realizarem os sonhos delas!*

...

Algum tempo depois.

Edward almoçava tranquilamente no restaurante *Baltazar*, no *Soho*. Seu celular tocou:

— *Edward, como você está?*

— *Estou bem!*

— *Já chegou aos três mil homens trabalhando para você?*

Edward, então, respondeu:

— *ESTAMOS COM DEZ MIL HOMENS TRABALHANDO PARA NÓS!*

Capítulo 14

MENTOR DE NEGÓCIOS: A CHAVE PARA O SEU SUCESSO

Um homem passou a manhã toda no escritório de sua casa. Trabalhou intensamente das 06h00 da manhã até o meio dia. Saiu uma única vez para tomar um café e retornou em seguida. Trouxera da empresa muitos documentos, a fim de examinar todos eles no escritório que mantinha em sua residência.

Estava impaciente e inquieto com a montanha de documentos a sua frente.

— *David, o que você está fazendo aí no escritório desde cedo?* – perguntou sua esposa.

— *Nada, somente pensando.*

— *Você não irá trabalhar hoje?*

— *Vou. Sairei em 15 minutos.* – respondeu David.

David ficou em casa até às 13h00. Tomou um banho, vestiu-se e foi para o escritório. No caminho, fez duas ou três ligações. Estava preocupado. Assim que chegou, foi diretamente para sua sala.

Em sua mesa havia vários papéis, mas um lhe chamou a atenção. Era um relatório sobre os resultados do último semestre. A empresa não apresentava lucros.

Tamanha foi sua irritação ao ler o documento, que deu um soco na mesa. Não aguentava mais aquele tipo de relatório enviado pelo seu departamento financeiro.

— *Por favor, ligue imediatamente para o meu advogado.* – pediu David para sua secretária.

— *Sim senhor.*

Em cinco minutos, a ligação é passada:

— *Dr. Nicolas, podemos nos falar pessoalmente?*

— *Claro, David. Venha até o meu escritório agora.*

David atravessou todo o *Central Park*. Chegou em cinco minutos no escritório do seu advogado.

— *Dr. Nicolas, tenho atravessado um momento muito difícil. Hoje pela manhã recebi mais um relatório dizendo que a empresa não vem apresentando lucros.*

— *Tenha calma.* – disse seu advogado.

— *Não tenho mais calma. Estou desesperado. Nos últimos cinco anos, trabalhei mais de 15 horas por dia e não tive retorno.*

Naquele momento, Dr. Nicolas pediu uma água para sua assistente. David estava nervoso.

— *Preciso ser sincero contigo. Não é hora de ficar desta forma, é hora de agir. Seu negócio é bom, você só precisa de um auxílio.*

— *Que tipo de auxílio?* – perguntou David.

— *Você precisa de um mentor de negócios.*

— *O que é isso?*

— *É alguém que irá lhe ajudar em alguma coisa que você não sabe fazer bem. Venha comigo.*

Entraram no carro de Nicolas. Atravessaram todo o lado leste da cidade. Pararam em frente a um prédio preto, todo espelhado. Passaram pela recepção e foram até o último andar. Chegando lá, foram anunciados pela secretária:

— *Sr. Nuno, o Dr. Nicolas está aqui.*

— *Sim, pode mandá-lo entrar.* – respondeu um homem do outro lado da linha.

— *Sr. Nuno, este é o meu cliente, David. Peço, por favor, que explique a ele o que é um mentor de negócios e como uma mentoria pode auxiliar imensamente a vida de um empresário.*

Durante meia hora, Nuno Dias explicou a David o que era um mentor de negócios. Mostrou a ele uma reportagem onde dizia que muitos empresários quebram pelo fato de não terem um mentor de negócios para lhes ajudar.

— *Qual é o seu maior defeito como empresário?* – perguntou Nuno.

— *Meu maior defeito é não ter controle do negócio.*

— Como assim?

— Não tenho muito controle. Acabo me perdendo!

— David, é nessa hora que entra a figura do mentor de negócios. Ele irá lhe ajudar a superar essa sua falha. Ele será o seu aliado para fortalecer os pontos onde você é fraco!

— Você conhece alguém?

— Eu tenho um mentor de negócios. O nome dele é John. Ele vem ao meu escritório toda semana. Faço uma reunião com ele e mostro o que aconteceu de bom e de ruim. Ele, então, passa seu ponto de vista. Aponta os caminhos para os desafios. Aprendi com um amigo milionário que um empresário não deve andar sem um mentor de negócios.

— Acho que você tem razão!

— Dificilmente você construirá um império sem um mentor de negócios. – finalizou Nuno.

Após dizer isso, Nuno levantou-se, serviu mais um café para David e deu o cartão de John, seu mentor de negócios.

— Muito obrigado pelos ensinamentos de hoje! – agradeceu David.

Uma semana depois. David aguardava em um restaurante a chegada de John. Haviam marcado um almoço no restaurante Daniel.

Após o almoço, pegaram um táxi em direção à empresa de David. Chegando lá, foram direto para a sala de reuniões. John teve acesso a todos os relatórios. Os números eram impressionantes. A empresa havia faturado, no último ano, algo em torno de U$ 20 milhões de dólares. A rede de lojas de calçados femininos de David era tradicional em toda a *costa leste americana*. Girava muito, mas tinha pouco lucro.

Fecharam um acordo na hora. John visitaria David uma vez por semana. O contrato foi de 90 dias. Seria um período de experiência para ambos. John somente exigiu uma coisa: David teria que estar disponível nos horários, sem o telefone na sala, sem interrupções.

A primeira reunião aconteceu na semana seguinte. Alguns relatórios que John havia pedido não estavam disponíveis. Na ata da primeira reunião, John escreveu: "Não se afaste dos números. Muitos empresários quebraram porque estavam afastados dos números.".

Segunda reunião. Os relatórios estavam disponíveis. Conversaram durante quarenta minutos. O que foi detectado: "Falta de controle financeiro. O dinheiro entrava, mas ninguém sabia para onde ia.".

Terceira reunião. John fez a seguinte observação para David:

— Seu problema é que você está focado em faturar e não em ganhar. O dia em que você enxergar que o que move o seu negócio é o lucro, e não

o faturamento, você estará milionário!

— *Não entendi.*

— *David, é muito simples. Como sua energia está em focada em faturar, dificilmente você ganhará dinheiro. Não há como ganhar dinheiro somente pensando em faturamento. É preciso pensar em lucro! Na maioria das vezes, os empresários não ganham dinheiro por isso.*

Ele ficou assustado. Não havia pensado nisto. John explicou para ele que, para um empresário pensar em lucro, o mesmo tem que estar de olho nos números.

Eles conversaram até às 18h00. Uma série de relatórios foi implantada. A partir daquele momento, David tinha tomado a decisão de focar no lucro.

...

Um ano depois.

David e John almoçavam no luxuoso *Tavern on The Green*, dentro do *Central Park*. Eles estavam contentes. Após pedirem a sobremesa, David disse:

— *Quero lhe agradecer por tudo. Você tinha razão. Eu estava focado em faturar e não em ganhar. Depois que segui suas orientações, meus negócios prosperaram. Quem me dera ter tido este tipo de orientação 10 anos atrás, quando iniciei. Com certeza hoje eu estaria milionário!* – disse David.

— *Não precisa agradecer. Agora você pode seguir em frente. Não necessita mais de mim.*

— *É uma pena que inúmeros empresários não tenham um mentor de negócios. Eles lutam diariamente para manter o negócio de pé.*

— *Mas você sabe por que eles não pensam assim?* – perguntou John.

— *Por quê?*

— *Eles pensam que um mentor de negócios aumentará o custo fixo da empresa quando, na verdade, um mentor de negócios fará o empresário ganhar mais dinheiro. Além disso, eles podem fazer um contrato de 90 dias, por exemplo. Um empresário não pode andar sem um mentor de negócios.*

— *Sem dúvidas.* – afirmou David.

— *Agora preciso ir* – disse John.

— *Mas antes de você ir, gostaria de lhe dar um presente.*

David retirou da pasta uma placa, onde havia somente uma palavra escrita:

"GRATIDÃO"

Capítulo 15

OS "SÓCIOS"

Duas horas da manhã. Paul não conseguia dormir. Andou por todos os cantos de sua casa. Às 05h00 resolveu levantar-se. Tomou seu banho. Vestiu-se, foi para a cozinha, bebeu um copo de leite e saiu com seu carro.

O dia estava amanhecendo em *Nova York*. *Manhattan* ainda estava com suas luzes acesas. Os táxis começavam a se movimentar. Poucas pessoas estavam nas ruas naquele horário. O nevoeiro predominava na ilha. Paul avançou pela *5th Avenue* e parou próximo à *Catedral de Saint Patrick*. Entrou na igreja. Ficou lá por cerca de 15 minutos. Saiu, retornou ao carro e seguiu até seu escritório.

— *Sr. Paul, por que tão cedo no escritório?* – perguntou a faxineira.

— *Perdi o sono, Mary.* – respondeu ele.

Entrou em sua sala. Trancou a porta. Fez uma oração. Seu semblante estava bem abalado. Abaixou a cabeça. Em sua mesa havia um envelope lacrado:

— *O que será isso?* – falou em voz baixa.

Abriu o envelope. Era um pedido de demissão por parte do seu principal diretor.

— *Não acredito!* – disse agora em voz alta.

Ligou imediatamente para sua esposa. Disse a ela o que estava se passando. Contou que nos últimos meses vinha sofrendo uma baixa de funcionários estratégicos, os quais ele não queria perder. Disse que os funcionários estavam perdendo confiança nele e na empresa.

Conversou com sua esposa por mais de 40 minutos.

— *Não esperava o pedido de demissão dele.* – falou por último para sua mulher.

Pensou em reverter a situação. Ligou para o diretor que havia pedido a demissão. Falou com ele por mais de uma hora no telefone. Explicou porque precisava dele. Relembrou também o que já havia feito de bom para aquele diretor, mas nada adiantou.

— *Sinto muito, mas vou trabalhar em outro lugar.*

Paul desligou o telefone. Estava muito abalado.

— *Claudia, vou sair. Voltarei após o almoço. Vou para a casa do meu amigo Nelson Turner, em Long Island.* – disse para sua assistente.

A casa do seu amigo Nelson ficava a leste de *Long Island*, precisamente em *Old Westbury*. Uma região cheia de mansões em estilo inglês. As primeiras mansões começaram a ser construídas ali em 1930. São mansões com 5.000, 10.000 metros quadrados, avaliadas em torno de U$ 5 a U$ 10 milhões de dólares.

Paul saiu de *Manhattan* pela *Long Island Expressway* em seu *Mercedes Benz*. Gastou em torno de 40 minutos para chegar até a região das mansões.

Assim que entrou em uma rua com poucas casas, logo avistou a mansão do seu amigo. Uma casa com um enorme jardim na frente. A casa ficava cerca de 100 metros ao fundo da entrada principal. Havia duas colunas brancas na entrada da casa. A cor bege predominava. Na garagem, um *Bentley* branco com couro vermelho.

— *Gostaria de falar com o Sr. Nelson.*

— *A quem devo anunciar?* – perguntou o porteiro.

— *Diga que é o amigo dele, Paul Mansell.*

O portão se abriu. Entrou com o carro na imensa propriedade. Passou pelo portão, andou cerca de 50 metros e já teve uma visão quase completa do local. Parou seu carro em um espaço reservado para visitantes.

Desceu e caminhou ao lado de uma piscina. Dois cães da raça *Doberman* foram recebê-lo. Logo, apareceu uma empregada.

— *Por favor, siga-me. Ele já está lhe aguardando.*

Entrou na casa. Um pé direito de quatro metros. Uma sala deslumbrante com vista para o jardim e piscina.

Nelson logo apareceu. Abriu um sorriso enorme quando viu Paul. Levou-o até o seu escritório. Falaram de como eram amigos durante a faculdade e como o destinou os levou para ramos diferentes. Paul havia criado uma cadeia de *fast-food*. Nelson, uma corretora de valores.

Paul explicou tudo que estava acontecendo em sua empresa. Falou do período atual de dificuldades e a forma como estava perdendo seus diretores para os concorrentes. Contou que, no último mês, perdeu três diretores que eram peças-chave na sua operação. Falou ainda que naquela manhã havia recebido o pedido de demissão de outro diretor que, até então, não poderia sair da empresa.

— *Um dos maiores erros de um empresário é achar que os funcionários são eternos em uma empresa.* – disse Nelson após uma xícara de café.

— *Você tem razão, mas nunca parei para pensar nisso.* – respondeu Paul.

— *O maior erro dos empresários é achar que seus funcionários e, principalmente os seus diretores, serão eternos. Isso não existe no mundo dos negócios!*

Paul, então, fez uma pergunta:

— *Como você faz para não perder seus diretores?*

— *Eu os transformei em sócios dos meus negócios!*

— *Como assim?*

— *Sabe aqueles funcionários que estão conosco há um bom tempo e que são fiéis a nossa cultura? Pois bem, temos que transformá-los em nossos sócios. Abra um percentual da empresa, por exemplo, 10%, e divida para as pessoas que você quer que fique com você. Eles têm que se sentir donos do negócio!*

— *Quer dizer que vou perder o controle de tudo?* – perguntou Paul.

— *Depende. Não é questão de perder o controle de tudo, e sim, reter os talentos para você. Se o funcionário já demonstrou ser de confiança e competente, por que perdê-lo?*

— *Sim, mas tenho dúvidas.*

— *Olhe, consulte seu advogado. Veja a melhor forma de tê-los como sócios. Se há diretores com você que já demonstraram confiança, conhecem a empresa e conhecem o negócio, transforme-os em seus sócios!*

Paul levantou-se. Olhou para a piscina. Bebeu mais uma xícara de café e voltou a sentar. Permaneceu calado por um minuto.

— *Você não pode achar que levará sua empresa sozinho. Muitos empresários fracassam porque têm medo de colocar os diretores como sócios. Se tudo estiver em contrato, com cláusulas, etc., não haverá problemas.* – insistiu Nelson.

Conversaram por mais 40 minutos. Paul, então, despediu-se do amigo. Ficou pensativo com o que haviam conversado. Entrou no carro e partiu em direção a *Manhattan*.

...

Três dias depois desse encontro, Paul saiu de sua casa em direção ao aeroporto *John F. Kennedy*. Havia marcado uma viagem para *San Diego*.

Assim que chegou ao aeroporto, foi direto para o *check-in*. Depois, seguiu para o portão de embarque. Antes, porém, entrou na livraria *Barnes & Noble*. Folheou os livros que estavam expostos. Um dos livros lhe chamou a atenção: a biografia de um dos maiores empresários do país.

Pegou o livro. Foi para o caixa e o pagou. Saiu em direção ao setor de embarque. O alto-falante anunciou:

— *O voo para San Diego terá um atraso de 15 minutos.*

Restava esperar. Sentou-se e começou a ler o livro que acabara de comprar. Cinco minutos depois, descobriu algo que o impressionou na biografia do poderoso empresário americano, dono da maior rede de varejo dos *Estados Unidos*. O que o impressionara estava na última página. Ali estavam os segredos da fortuna do seu império. E o segredo de número sete era: "Transforme seus funcionários em sócios".

Fechou o livro. Olhou para a pista. Viu o avião da *American Airlines* encostar em seu *finger* e preparar-se para receber os passageiros.

Todos entraram na aeronave. Paul sentou-se na poltrona 1B. O avião decolou. A viagem duraria mais de quatro horas. Ele aproveitou para devorar o livro no trajeto. Queria saber tudo sobre o sucesso deste empresário.

Após quase seis horas de viagem, o comandante do avião anunciou:

— *Atenção, passageiros, pouso autorizado.*

Retirou sua mala. Saiu da área de desembarque. Pegou seu celular.

— *Nelson, você tinha razão. Acabo de ler o livro do imperador do varejo e ele pensa como você.*

— *Paul, não sou somente eu e ele que pensamos assim. Se realmente quiser construir um império, transforme seus principais colaboradores em sócios!*

Paul desligou. Um minuto depois, ligou para o seu advogado.

— *DR. GEORGE, POR FAVOR, VENHA ATÉ O MEU ESCRITÓRIO AMANHÃ CEDO. QUERO TRANSFORMAR MEUS PRINCIPAIS COLABORADORES EM SÓCIOS!*

Capítulo 16

ATIVE O CÉREBRO DA EQUIPE

Edifício *Trump Tower*, um dos mais luxuosos prédios dos *Estados Unidos*. Eram quase 17h00. Um homem vestindo um terno cinza saiu do elevador com uma maleta nas mãos. Olhou o relógio, afrouxou o nó da gravata e caminhou até a saída do edifício. Uma senhora com aparência de mais ou menos 45 anos aproximou-se. Eles se cumprimentaram. Ela lhe entregou seu cartão e ambos entraram em um *Chrysler 300c* que estava estacionado na porta do prédio. Partiram para o *Pier 6*, no rio *Hudson*, precisamente para o heliporto. De lá, pegaram um helicóptero para *Atlantic City*.

Distante 127 milhas de *Nova York*, *Atlantic City* é uma cidade que tem como principal fonte o turismo, e suas principais atrações turísticas são as praias e os cassinos.

Um carro os aguardava no aeroporto. Seguiram rumo ao luxuoso hotel *Taj Mahal*.

Chegaram ao seu destino. No saguão de entrada, um último aviso:

— *Sr. Richard, o jantar será às 20h00, pontualmente, no salão nobre do hotel.* – disse para ele a senhora que o acompanhava.

— *Agradeço, Sra. Katy. Estarei na sala neste horário. Obrigado por me acompanhar até Atlantic City!* – respondeu Richard para sua secretária executiva.

— *O Sr. necessita de mais alguma coisa para hoje?*

— *Por hoje não necessito de mais nada. Estou muito ansioso para o jantar com o Salomon Safra.*

— *Sr. Richard, desculpe a pergunta, mas o Sr. Salomon Safra não é aquele milionário de Nova York, do ramo de imóveis?* – perguntou Katy.

— *Isso mesmo. Ele é um dos homens mais ricos do país. Chegou como imigrante de Israel e criou uma verdadeira fortuna no ramo de imóveis. Tenho certeza de que nos acrescentará muito nesta noite!*

— *Que ótimo! Então, bom jantar!* – despediu-se a secretária.

Richard caminhou para o elevador. Apertou o botão para o 10º andar. Entrou no seu apartamento. Deixou a maleta e voltou para a recepção.

— *Por favor, onde fica o business center do hotel?*

— *É só seguir diretamente para aquela sala.* – respondeu a recepcionista.

Ele caminhou até o espaço *business center*. Acomodou-se em uma das mesas. Um computador estava disponível. Imediatamente, começou a acessar seus e-mails. Durante 40 minutos enviou e recebeu mensagens, mas havia uma que ele estava esperando desde manhã:

"Total das vendas, U$ 5 milhões de dólares, 40% abaixo do esperado."

Richard não acreditava no que estava vendo. "Como isso pode acontecer?", pensou ele.

Imediatamente, pegou o celular e começou a disparar telefonemas para todos os seus diretores. Estava irado e, acima de tudo, falava alto.

— *Charles, não estamos em um bom momento. Estamos perdendo mercado. Ficamos abaixo 40% este mês. Você tem falado com a sua equipe de vendas?* – perguntou Richard a um dos seus diretores de vendas.

— *Há um bom tempo não me reúno com eles. Só costumamos no comunicar por telefone e e-mails.* – respondeu Charles.

— *Pois é, mas precisamos de algumas ideias novas. Não podemos ficar do jeito que estamos.*

— *Tenho pensado, mas por enquanto ainda não encontrei novas ideias para acelerar nossos negócios.* – afirmou Charles.

— *Preste atenção. Neste momento estou em Atlantic City. Hoje a noite haverá um jantar com o milionário Salomon Safra. Ele é o convidado principal para este jantar, onde estarão presentes mais de 200 empresários de*

Nova York. Vim para este encontro porque tenho certeza de que aprenderei algo novo com eles.

Desejou boa sorte para seu diretor e desligou o telefone. Imprimiu o relatório. Analisou o mesmo com precisão. Já era o quinto mês consecutivo sem fazer o número esperado. O desespero começava a tomar conta.

Fez mais outras três ligações. Fechou o computador e dirigiu-se até a recepção.

— *Onde posso tomar um café?*

— *No próximo corredor, à direita. Lá fica o nosso café.*

Tomou três xícaras seguidas de café, tamanho era seu nervosismo.

Pegou o celular. Fez mais uma ligação, dessa vez para outro diretor. Disse que estavam perdendo mercado. Pediu para pressionar o máximo possível seu esquadrão de vendas. Deu um prazo para todos agirem e reverterem os números. Deixou claro que poderia haver demissões se o negócio não voltasse a decolar. Desligou o telefone, subiu para o seu apartamento. Precisava se preparar para o jantar.

...

Richard desceu às 20h00.

— *O jantar será servido em cinco minutos!* – avisou o mestre de cerimônias no salão do hotel *Taj Mahal*, durante o coquetel.

Salomon pediu a palavra antes de servirem o jantar. Falou durante 30 minutos. Contou como montou seu império no segmento de vendas diretas. Disse que se sentia orgulhoso dos seus vendedores. Falou como chegou pobre aos *Estados Unidos* e construiu uma das maiores empresas do ramo. Disse também que um empresário somente ficará rico se pensar em prosperar aqueles que lhe rodeiam. Citou exemplos de como transformou vários dos seus colaboradores em sócios e também como dá extrema importância ao treinamento na sua empresa. Ao final, foi aplaudido de pé.

Mas uma das ideias de Salomon deixou Richard inquieto: "Ative o cérebro da sua equipe".

Salomon explicou que o cérebro dos diretores costuma não responder quando todos estão sob pressão. Ele disse quão importante é o líder principal de uma empresa ativar o cérebro de todos.

— *Reúna sua equipe de líderes em um local longe da sua empresa. Quando estiver com eles, conduza a reunião em forma de perguntas. Per-*

gunte a eles: "Quais as estratégias para criar novos caminhos?". Para ativar o cérebro da sua equipe, você terá que fazer reuniões sempre em forma de perguntas. Quando você faz uma pergunta, automaticamente você ativará o cérebro de alguém.

Richard estava impressionado com as dicas que escutara. Durante o jantar, foi até a mesa de Salomon.

— *Muito obrigado por suas palavras antes do jantar!* – falou em tom de gratidão.

O milionário agradeceu e perguntou:

— *Qual é o seu ramo?*

— *Tenho uma empresa que atua na área de softwares para pequenas e médias empresas. A concorrência neste mercado é brutal. Nosso faturamento está caindo e nos causando desespero!*

— *Vou lhe dar uma ideia.* – disse o milionário. *Leve sua equipe para um lugar tranquilo. Fique dois dias neste lugar. Peça a eles para pensarem em, pelo menos, cinco estratégias cada um para reverter o quadro. A maioria dos empresários foca nos problemas e não na solução. Se você quer ativar a mente da sua equipe, peça soluções, estratégias. Mas peça um número exato de soluções. Não adianta se reunirem e ficarem falando um monte de coisas. Peça um número exato de soluções individualmente para cada um.*

— *Muito obrigado!* – agradeceu gentilmente Richard.

...

Dois dias depois, Richard está na sede da sua empresa, bem no lado norte da ilha de *Manhattan*. Havia convocado uma reunião em caráter de urgência com dois dos seus diretores.

Falou durante trinta minutos. Explicou sobre o aprendizado com o milionário Salomon. Pediu uma reunião extraordinária com todos os seus líderes no hotel *Sheraton* da *7th Avenue*. A reunião foi marcada para dali a três dias.

...

— *Bom dia, sejam bem vindos!* – saudou a recepcionista do hotel *Sheraton* enquanto a equipe de Richard chegava.

A reunião começou pontualmente às 08h00. Richard leu durante 10 minutos os resultados dos últimos meses. Depois, projetou um *slide*:

"Preciso que cada um de vocês, individualmente, escreva cinco ideias diferentes para alavancar o nosso negócio."

Ele disse que, diferente das outras reuniões, nessa não haveria debates, palestras ou quaisquer outras atividades. O foco era cada um dar, pelo menos, cinco novas ideias para os negócios.

A reunião avançou por toda manhã. Cada um fez seu trabalho individualmente.

As ideias começaram a chegar. Já eram quase 13h00. Havia 50 líderes e cada um contribuiu com cinco ideias. Fechamento do dia: 250 ideias para os negócios.

Richard pediu para falar individualmente e a sós com seu principal diretor, James Stewart.

— *James, essa foi a nossa melhor reunião de todos os tempos. Não ficamos debatendo assuntos, e sim focamos em soluções. Observou que ativamos o cérebro da equipe? Desta forma, construiremos uma equipe de alta performance.*

— *SIM, CHEFE! DEFINITIVAMENTE ESTA É A MELHOR ESTRATÉGIA PARA CONSTRUIRMOS UMA GRANDE EMPRESA!*

Capítulo 17

"ESTOQUE DE DINHEIRO"

Domingo de sol em *Nova York*. Por volta das 13h00, um homem almoçava em um dos restaurantes do *Whole Foods Market* em frente ao *Central Park*. Naquele horário era praticamente impossível conseguir uma mesa. O local é famoso por ser frequentado pelos moradores e muito procurado por quem está a passeio pela cidade. Turistas de todas as nacionalidades estavam por ali: japoneses, franceses, ingleses e outros que se misturavam com a população local.

O homem almoçou uma lagosta, tomou um café, subiu as escadas e saiu caminhando pela *59th Street* em direção a *5th Avenue*. Após um percurso de 30 metros, seu celular tocou:

— *Chefe, tudo bem?* – disse uma voz do outro lado da linha.

— *Estou bem. Aproveitando este domingo maravilhoso. Acabo de almoçar no Whole Foods Market.*

— *Desculpe importuná-lo, mas na sexta-feira tentei falar com você e não consegui. Recebi uma mensagem do principal fornecedor de tênis da nossa rede de lojas.*

— *Sim, mas o que foi que aconteceu?*

— *Eles querem nos vender U$ 5 milhões de dólares em pares de tênis. Estão estocados e necessitando fazer caixa para a empresa deles. O que você acha de comprarmos, pois o valor está em torno de 20% menos do que cos-*

tumamos pagar? Seria uma negociação fantástica para nós!

— Preciso pensar. Como seria este pagamento?

— John, por este valor, eles querem o pagamento à vista. Em dinheiro!

John parou de andar. Já estava quase na 5th Avenue. Entrou em uma galeria de lojas.

— Meu Deus, eu não tenho esse valor à vista. – respondeu para seu diretor Carl.

— Seria ótimo se tivesse. Esse desconto nos daria uma margem de vendas sensacional para aumentar os nossos lucros!

Despediu-se do seu diretor e desligou o telefone. Não podia acreditar na oportunidade de negócio que estava perdendo. Continuou caminhando pela *5th Avenue*. Parou em uma *Starbucks*. Fez duas ou três ligações.

Durante a noite, mergulhou fundo em todas as contas da empresa. Não havia como dispor desse dinheiro. Ele não tinha essa reserva financeira. Ficou sem dormir.

...

John acordou cedo na manhã de segunda-feira. Estava ansioso, pois a oportunidade de compra que lhe fora apresentada geraria grandes lucros para sua empresa.

Fez várias ligações do escritório de sua casa. Falou com amigos e bancos. Não conseguiu o dinheiro que necessitava.

Por volta das 14h00, seguiu para o aeroporto *La Guardia*. De lá, pegou um voo direto para *Boston*. Assim que o avião aterrissou, entrou em um táxi e foi direto para o escritório do seu amigo e investidor, Bob Schultz.

Contou toda história para seu amigo. Disse que necessitava urgente de U$ 5 milhões de dólares. Precisava desse dinheiro para fazer um grande negócio junto ao seu maior fornecedor.

— John, escute uma coisa: eu lhe entendo perfeitamente, mas não sei se consigo arrumar esse dinheiro para você até a próxima quarta-feira.

— Eu sei, meu amigo. Foi tudo realmente muito rápido. Não tive escolha. Não tenho esse dinheiro em nenhum lugar.

— John, você precisa adquirir o hábito de ter dinheiro guardado para fazer negócios. Negócios bons sempre aparecem. Os empresários bem-sucedidos sempre têm algum dinheiro em caixa para arrematar essas boas oportunidades.

— Eu sei, Bob. Estou com minha empresa em dia e sem endividamentos. A empresa está saudável. Apenas não tenho essa quantia disponível no meu caixa.

— Entendo, mas não é só isso que você tem que fazer. O hábito de ter dinheiro no caixa para eventuais negócios é algo que tem estar no planeja-

mento dos empresários!

— *Concordo, mas nunca pensei desta forma.* – respondeu John.

— *Sabe o que aprendi nos negócios, John?*

— *O quê?*

— *Que nós, empresários, temos que ter calma. Temos que entender que nossa empresa é quem nos mantém no jogo e que, de vez em quando, aparecerão oportunidades para ganharmos um bom dinheiro. E é aí que entramos em ação. Dinheiro faz dinheiro! Por isso, adquira o hábito de deixar um estoque de dinheiro para eventuais negócios que aparecerão!*

John saiu frustrado. Não havia conseguido o empréstimo junto ao seu amigo. Não pensava que um dia precisaria ter dinheiro em estoque. Voltou no primeiro voo para *Nova York*.

...

No dia seguinte chegou cedo ao escritório. Foi até a mesa do seu diretor, Carl. Explicou que não havia conseguido o dinheiro para o excelente negócio que estava na frente deles.

— *Carl, sinto muito. Teremos que declinar o negócio.*

— *Chefe, é uma pena. Trata-se de uma oportunidade enorme para nós.*

John saiu da sala e retornou cinco minutos depois.

— *Esse nosso fornecedor ainda se encontra no Brooklin?*

— *Sim, ainda está lá.*

— *Então vamos lá pessoalmente. Quem sabe conseguimos um prazo para pagar a negociação?*

Entraram no carro e saíram imediatamente em direção ao *Brooklin*. Assim que passaram pela *Manhattan Bridge*, seguiram pela *Flatbush Avenue* até a esquina com a *Lafayette Avenue*. Estacionaram o carro e subiram para o 9º andar. Lá foram recebidos pelo diretor geral do principal fornecedor de tênis de sua rede de lojas.

Conversaram durante uma hora. O diretor mostrou-se irredutível e o acordo não foi fechado.

— *Sinto muito, senhores, mas precisamos de dinheiro em caixa. Essa negociação é para pagamento à vista, pois precisamos resolver um problema da empresa, e este problema exige dinheiro.*

No caminho de volta:

— *Carl, essa situação é frustrante. Nossa empresa está equilibrada, estamos com as contas em dia, mas não temos dinheiro em caixa para este negócio!* – disse John.

— *Chefe, quanto representa este valor em relação ao nosso faturamento anual?* – perguntou Carl.

— Em torno de 20%, ou seja, não temos 20% do nosso faturamento em caixa para o negócio. Foi o que disse meu amigo Bob. Preciso adquirir o hábito de ter uma reserva estratégica de dinheiro para fazer bons negócios.

Após passarem a *Manhattan Bridge*, já chegando ao escritório, Carl fez uma pergunta:

— Quem é esse tal de Bob?

— É um amigo de Boston. Ele fez fortuna no mercado de pedras preciosas e hoje é um investidor. Ele disse que os negócios em que mais ganhou dinheiro foram os que apareceram do dia para noite e que, estrategicamente, ele já havia reservado dinheiro no caixa para este negócio. Disse também que, em todos os ramos de atividades, podem surgir grandes oportunidades para ganhar dinheiro, mas há necessidade de ter um dinheiro em caixa para isso.

— Chefe, vamos para Boston amanhã cedo? Vamos juntos falar com este tal de Bob?

...

No outro dia de manhã, John e Carl seguiram para *Boston* no primeiro avião. Bob os atendeu na hora marcada. Conversaram durante duas horas. A presença de Carl foi decisiva para convencer Bob. Após muita pressão:

— Ok, arrumarei o dinheiro! – concordou Bob.

...

90 dias depois.

Boston, hotel *Four Seasons*, restaurante *The Bristol*. John e Carl aguardavam Bob Schultz. Uma garrafa de vinho *Rochelier* estava em cima da mesa.

Assim que Bob chegou, pediram o almoço. Conversaram durante duas horas. Agradeceram a ajuda de Bob.

Em certo momento, John mostrou o comprovante de depósito onde quitava o empréstimo do amigo. Disse também que ganhou muito dinheiro na transação e conta que somente foi possível por causa do dinheiro que lhe arrumara.

— Bob, aqui está o comprovante do depósito. Muito obrigado mesmo!

— Qual a maior lição que você tirou deste negócio, John?

— Tenha uma reserva financeira estratégica para os negócios que aparecerão! – respondeu John.

— Se você tivesse que dar um conselho para outro empresário, qual você daria?

— PARA SE TORNAR UM MILIONÁRIO, TENHA OS MESMOS HÁBITOS QUE OS MILIONÁRIOS! APRENDA COM ELES!

Capítulo 18

CONSTRUINDO UMA FORTUNA

Nova *York*. Julho de 2013. Um carro, modelo *Rolls Royce*, estacionou em frente ao hotel *Waldorf Astoria*, um dos hotéis mais luxuosos do mundo. O milionário Mike Spencer e seu advogado desceram do carro. A noite estava começando. Eram 18h00. Entraram por uma porta lateral, passaram por uma luxuosa recepção e foram direto para uma sala reservada. Mike estava visivelmente nervoso e apreensivo.

Os dois ficaram sozinhos na sala. Conversaram por 40 minutos. Uma moça bem vestida entrou, falou algo e voltou para a recepção.

A cada minuto Mike ficava mais impaciente. A funcionária retornou com água e café.

Noventa minutos depois:

— *Sr. Mike, vou transferir a ligação diretamente do Japão.* – disse a elegante moça.

— *Há algum intérprete?*

— *Sim, fique tranquilo.* – respondeu ela.

Mike conversou por mais de 15 minutos com um diretor do *Banco Mitsubishi*, diretamente do *Japão*, através de um intérprete. A conversa estava bem clara. O banco queria que ele pagasse a dívida que girava em torno de 100 milhões de dólares.

— *Eu não tenho condições de honrar com este valor agora!* – gritou ele.

A conversa foi ficando cada vez mais tensa. Ele ficava mais nervoso a cada momento. Falou vários palavrões. Estava desesperado.

— *Sinto muito, mas queremos receber nosso dinheiro.* – disse o diretor para Mike.

Desligaram o telefone. Ele saiu da sala nervoso e foi até a recepção. Agradeceu a todos. Saiu com seu advogado pela *49th Street*. Eram quase 21h00.

Caminharam por quatro quadras. Pegaram um táxi.

— *Restaurante Nobu, por favor.* – disseram ao motorista.

Levaram 40 minutos até chegarem ao restaurante. Foram recebidos por uma *hostess*. Acomodaram-se na mesa. Mike fez o habitual pedido.

— *Jones, eu não tenho como pagar esta dívida para o Banco Mitsubishi.*

— *Eu sei tanto quanto você, Mike. Seu momento é de quase falência.* – respondeu o advogado, Jones Colin.

O jantar durou cerca de três horas. O advogado pagou a conta. Cada um pegou um táxi e seguiram para destinos diferentes.

...

Manhã do dia seguinte. Mike entrou no escritório às 07h00 da manhã. Passou pela sala do seu assessor:

— *Vamos conversar na minha sala.*

Conversaram reservadamente durante 30 minutos. Seu assessor lhe mostrou planilhas, números e cálculos da situação atual da empresa.

— *Sinto muito, sua situação é muito difícil.* – disse o assessor.

— *Não é fácil ouvir isso.* – falou Mike.

— *Lembre-se que daqui a pouco teremos outra reunião com nossa gerente do banco.*

Saíram do escritório. Partiram rumo ao *Bank of America*. A gerente da conta já os aguardava. Conversaram durante 30 minutos.

— *Não posso fazer nada. Os empréstimos terão que ser honrados.* – disse a gerente do banco.

Mike voltou furioso para o escritório. Estava desesperado. Seu império estava ameaçado.

— *Onde eu errei?* – perguntou para o seu assessor.

— Sinto lhe dizer, mas seu erro fundamental foi a diversificação dos seus negócios. Você diversificou muito e isso acabou minando sua atividade mais rentável, que era a corretora de seguros.

— Tem certeza de que foi isso mesmo?

— Sim. Eu estou contigo há mais de 10 anos. Sua corretora é a maior dos Estados Unidos. O volume de dinheiro que você movimenta é enorme, mas de três anos para cá, você colocou o caixa desta empresa em vários negócios que não têm sinergia alguma com o seu negócio mais lucrativo. Diversificar negócios foi loucura. Conheço inúmeros casos de empresários que diversificaram e acabaram falindo.

— Por quê?

— Oras, seu foco e energia foram dizimados, além do dinheiro. Quando um empresário tem somente um negócio, ele é muito mais forte!

Mike olhou pela janela e disse:

— Entendo o que disse. Mas eu tinha a intenção de construir um império!

— Sua estratégia não deu certo. A partir do momento em que pegou seu dinheiro e investiu em outros negócios que não dominava, você acabou ficando fraco. Conheço inúmeros empresários que fizeram como você e acabaram sem nada na vida. – alertou o assessor.

— E por que vocês não me impediram? Por que só me falaram isso hoje?

— Tentei por várias vezes, mas você se achava o super-homem. Por estar dando certo em um negócio, achava que poderia dar certo em vários. Sua estratégia estava errada em querer construir um império desta forma. Mas você nunca quis me ouvir!

— E qual seria a melhor forma? – perguntou Mike.

— Não tire dinheiro do seu negócio principal para colocar em outros negócios. O dinheiro que está sobrando guarde-o. Coloque para render no banco, ou aplique em imóveis, ou outro tipo de investimento, mas se possível não invista em outros negócios. Este é o segredo para a construção de um império. Se você quer realmente estar no paraíso como empresário, pense nisso. Somente alguns conseguem diversificar os negócios.

Mike olhou para o chão, olhou para a mesa e olhou para o teto. Ficou mudo. Algo lhe feriu diretamente.

Levantou-se. Olhou para o relógio. Continuou folheando os relatórios. Pediu para ficar sozinho. Escreveu a seguinte frase em um quadro branco que ficava em sua sala: "O segredo é se concentrar em um único negócio".

Saiu do escritório no final do dia. Entrou em seu carro, atravessou toda *Manhattan* e pegou a *Parkway* sentido *Long Island*. Finalmente chegou em casa. O portão abriu-se automaticamente. Um jardim surgiu à frente. Estacionou diretamente na garagem. Seu cão de estimação o aguardava.

Foi direto para o seu escritório, que ficava no andar de cima da mansão. Pegou uma folha de papel em branco. Rascunhou um plano de ação. Terminou às três horas da manhã.

...

Manhã do dia seguinte. Às 08h00 já aguardava seu advogado em sua mansão.

— *Jones, passei a noite inteira fazendo um planejamento de tudo que podemos fazer nesta altura do campeonato.*

— *Sim, vamos agir!* – respondeu seu advogado.

— *Com exceção de nossa corretora de seguros, vamos vender todos os outros negócios. Não quero nada além da minha corretora.*

— *Ok, vou providenciar essas alterações urgentemente.* – falou o advogado, Jones Colin.

— *Repasse todos os outros negócios. Não há necessidade de ganharmos dinheiro com essas vendas, somente quero ficar livre daquilo que toma meu tempo e minha energia.*

— *E quanto às dívidas bancárias?*

— *Sem problemas, vou me desfazer do meu capital para quitar isso.*

Terminaram a reunião. As ações haviam sido planejadas. Um plano de ação seria executado. Somente a corretora de seguros não seria vendida. Tudo foi feito dentro do planejamento. Mike já estava ciente de que, dali pra frente, não haveria mais diversificação de negócios. Sua força estaria direcionada somente para a corretora, que era o seu forte e onde sabia ganhar dinheiro.

...

Nos doze meses seguintes, Mike e seu advogado fizeram tudo conforme planejado. Livraram-se de todos os negócios que tomavam tempo e dinheiro. Mike se concentrou somente na corretora.

...

Certa vez, já no final de um almoço de negócios no premiado restaurante Daniel, Mike e outros três amigos aguardavam seus respectivos carros para irem embora, quando um dos empresários perguntou a Mike:

— *Qual foi o segredo para você recuperar seus negócios e começar a ganhar dinheiro novamente?*

— *Aprendi que a maioria dos empresários comete um erro fatal. Eles começam a ganhar dinheiro e a primeira coisa que vem a cabeça é montar outras empresas em outros ramos de atividade. Isso é um problema muito sério, pois poucos empresários conseguem ser bem-sucedidos em ramos diferentes! Conheci muitos deles que quebraram por diversificarem os seus negócios. Eu mesmo quase quebrei um ano atrás, mas descobri a tempo que diversificação nos negócios pode significar o fim de um empresário!* – respondeu Mike.

— *E qual é o conselho que você daria para nós no dia de hoje?* – perguntou outro amigo que também estava presente no almoço.

Neste momento, um automóvel *Lamborghini* dirigido pelo manobrista aproximou-se da porta do restaurante onde eles estavam. O manobrista entregou a chave para Mike. Ele agradeceu e falou para os seus amigos:

— *O MELHOR CONSELHO PARA UM EMPRESÁRIO CONSTRUIR UM IMPÉRIO É: FIQUE NO SEU NEGÓCIO. SE TIVER COM DINHEIRO SOBRANDO, NÃO MONTE OUTRO NEGÓCIO, POR FAVOR!*

Depois disso, saiu com seu *Lamborghini* pela *Park Avenue.*

Capítulo 19

A PERSISTÊNCIA

Domingo de calor em *Nova York*. Bairro *Little Italy*, colônia italiana. Uma mulher alta, bem vestida, filha de imigrantes italianos está bebendo, comendo e dançando junto aos outros da colônia. A festa acontece todos os domingos. As ruas ficam enfeitadas e há muitas barracas com comidas e bebidas italianas. Mais de 5.000 italianos se reúnem todos os fins de semana para celebrar a chegada de seus conterrâneos aos *Estados Unidos*.

Eram quase 19h00. O telefone celular desta mulher tocou. Ela afastou-se da barraca em que estava, abriu sua bolsa e atendeu:

— *Sofia, tudo bem? Você pode falar um pouco? Onde você está?* – disse uma pessoa do outro lado da linha.

— *Estou na festa Italiana da minha colônia. Venho todos os domingos.*

— *Que horas você estará no escritório amanhã?*

— *Robert, estarei por volta das 09h00.*

— *Pode chegar mais cedo?*

— *Por qual motivo?* – perguntou Sofia para Robert.

— *Quando foi a última vez que você abriu a sua caixa de e-mails?*

— *Não abro desde sexta de manhã.*

— *Deveria ter aberto...*

— *Por quê?* – perguntou Sofia, já preocupada.

— *O diretor do edifício Empire State Building não quer renovar nosso contrato de administração do condomínio.*

Sofia ficou muda! O *Empire State* era o maior cliente de sua administradora de condomínios.

— *Sofia, você está aí? Está me ouvindo?*

— *Robert, você tem certeza?*

— *Sim, o e-mail foi direcionado para você com cópia para mim.*

— *Robert, nos falamos pessoalmente amanhã, às 07h00, no escritório.*

Sofia desligou o celular. Colocou-o na bolsa. Seu rosto demonstrava medo após a conversa com seu diretor de operações, Robert.

Voltou para a barraca onde estavam suas quatro filhas. As meninas perceberam o espanto da mãe. Perguntaram o que havia acontecido.

— *Não foi nada, só recebi uma ligação de negócios.*

Sentou-se. Ficou calada. Tomou uma taça de vinho. A noite estava "chegando" em *Nova York*.

Permaneceu calada por mais trinta minutos.

— *Vamos, está na hora de irmos para casa!* – disse para suas filhas. Entraram em uma *pickup Escalade* de cor preta. O motorista seguiu pela *Madison Avenue* até a *62nd Street*. Entrou na garagem de um belíssimo prédio a duas quadras do *Central Park*.

Sofia saiu apressada do carro. Passou pela recepção. Entrou no elevador. Desceu no quinto andar. Entrou em seu apartamento. Ligou seu computador. Checou o e-mail, o qual Robert havia falado. O e-mail terminava com a seguinte frase: "Por ora, não temos mais interesse em renovar o contrato que vencerá no final do próximo mês. Assinado: Jack Spencer – Diretor da *Empire State Building*".

Na mesma hora, ela ligou para seu diretor:

— *Robert, passarei na sua casa amanhã cedo. Vamos direto para o Empire State. Vamos falar com Jack.*

Manhã do dia seguinte. Sofia e seu diretor Robert estão a bordo da *pickup Escalade* rumo ao *Empire State*.

— *Precisamos segurar este contrato, pois o mesmo representa 40% do nosso faturamento.* – disse ela durante o trajeto.

47º andar. Sala da diretoria do *Empire State Building*, um dos prédios mais famosos e importantes do mundo.

— *O Sr. Jack irá atendê-los em cinco minutos.* – respondeu uma simpática recepcionista.

Foram recebidos em uma sala magnífica. Jack pediu café para todos. Já sabia o motivo da reunião.

Sofia já foi falando diretamente sobre o assunto, que era o cancelamento do contrato.

Jack foi bem objetivo nos argumentos. Disse que não estava satisfeito com a prestação de serviços. Alguns relatórios chegavam com atraso, além do que achava que estavam pagando um valor alto pelo serviço.

Ele ainda olhou nos olhos de Sofia e disse:

— *Quero ser muito sincero com a senhora. Quando fomos assinar contrato, você vinha todos os dias aqui. Era solícita e atenciosa. Mas depois que assinamos o contrato, você praticamente não nos deu mais atenção.*

— *Desculpe, Sr. Jack, não entendi.*

— *Isso mesmo que falei. Depois que conseguiu a nossa conta, você nunca mais apareceu.*

— *Peço desculpas, Sr. Jack.*

Conversaram mais cinco minutos. Sofia, então, despediu-se, passou pela recepcionista, agradeceu o café e seguiu direto para o elevador.

Entraram no carro. Sofia repetia sem parar:

— *Como podemos reverter isto?*

— *Temos somente uma saída.* – disse Robert, seu diretor.

— *Qual é?*

— *Tente falar com o dono do Empire State, Phil Turner.*

— *Será que consigo?*

— *Sofia, seu grande diferencial em relação aos outros empresários é a sua persistência. Você chegou pobre a Nova York, batalhou muito e todas as pessoas que te conhecem afirmam que o seu grande diferencial é a sua persistência. Vá visitar o dono do prédio. Arregace as mangas!*

Assim que chegaram ao escritório, Sofia pediu para sua secretária tentar marcar com o todo poderoso Phil Turner. Enquanto a secretária tentava de todas as formas marcar essa reunião, Sofia começou a vasculhar coisas antigas. Encontrou uma foto da época em que começou seu negócio. Olhou bem para a foto. Falou em voz alta, para si mesma:

— *Como fui persistente em minha vida de empresária!*

Três dias depois, Sofia estava em uma reunião no hotel *Sheraton* quando sua secretária lhe enviou uma mensagem: "Entre em contato comigo urgentemente, por favor".

Pediu licença, saiu da sala e ligou para sua secretária:

— *Consegui marcar a reunião com Phil Turner. Amanhã, às 09h00!* – disse eufórica a secretária.

Pontualmente Sofia está na sala de espera do último andar do *Empire State Building*. A sala é luxuosa, com quadros de grandes pintores do mundo. Há uma mobília toda antiga, mas restaurada e belíssima. Ela ficou impressionada com o lugar onde trabalha um dos homens mais ricos do planeta.

— *A senhora pode entrar.* – disse a secretária de Phil Turner.

Ela se apresentou. Disse o quanto eles representavam na carteira de clientes de sua administradora e quanto se sentia honrada em tê-los como clientes. Disse a ele também o quanto estava apreensiva por saber que poderiam romper contrato no próximo mês.

Phil ficou quieto, somente escutou e fez algumas anotações.

Finalmente, Phil falou:

— *Respeito todas as suas observações. Mas o que realmente nos deixou desconfortáveis é o fato da senhora nunca mais ter aparecido depois que fechou contrato conosco. Sei que a senhora é proprietária da sua empresa e que tem gerentes e assessores, mas um cliente como nós não pode ser abandonado pela proprietária da empresa.*

— *Só tenho que pedir desculpas ao senhor.* – respondeu ela.

— *Todas as vezes que tentamos contato diretamente com a senhora, somente o seu assessor nos retornava. A senhora é uma mulher de negócios, assim como eu. Não devemos abandonar as nossas raízes, não devemos abandonar nossos clientes. Feliz o empresário que não perde contato com seus clientes.*

Ela abaixou a cabeça e ficou em silêncio. Ele continuou:

— *A senhora está prestes a perder o seu principal cliente, que somos nós, pelo simples fato de não ter nos dado atenção suficiente. E o que me admira é que a senhora começou de uma forma humilde e chegou aonde chegou por luta própria e persistência.*

Ela continuava em silêncio. Ele, então, continuou a falar:

— *A senhora pode ir agora. Vou pensar no seu caso e lhe retornaremos até amanhã cedo.*

...

Final da noite em *Nova York*.

— *O jantar está na mesa!* – disse a cozinheira de Sofia em seu confortável apartamento.

— *Não tenho fome.* – respondeu ela.

Após a resposta, levantou-se e foi para o escritório que mantém dentro do apartamento. Impaciente, ficou sentada. Parecia angustiada, afinal, tinha uma resposta para receber no outro dia: sim ou não!

Duas horas da manhã e ela estava na sala. Pegou o controle da TV. Percorreu todos os canais. Estava sem sono. Na sua cabeça, somente uma pergunta: "Eles vão ou não renovar o contrato?".

Levantou-se bem cedo e já estava no escritório às 06h00. Mexeu nos papéis. Abriu seus sites preferidos. Desceu até a portaria do prédio. Entrou na *Starbucks* que ficava ao lado do prédio. Já tinha sol em *Nova York*. Ficou ali por 15 minutos. Depois, começou a caminhar pela *5th Avenue*. Caminhou por cerca de 30 minutos. Parou em frente ao número 350. Estava em frente ao *Empire State Building*. Eram quase 07h30min da manhã.

— *Que horas o Sr. Phil Turner costuma chegar?*

— *Por volta das 08h00.* – respondeu o porteiro do prédio.

— *Ele passa por aqui?*

— *Sim, ele passa por aqui mais ou menos neste horário.*

Vinte minutos depois, Phil chegou ao prédio. Sofia o abordou. Eles conversaram em pé durante cinco minutos. Phil, então, sugeriu que eles sentarem no sofá da recepção do prédio. Conversaram por mais 20 minutos.

— *Compreendi tudo que a senhora disse. Eu lhe enviarei ainda hoje um e-mail com a resposta.* – disse Phil Turner.

Cinco minutos depois, Sofia aciona sua caixa de e-mails pelo celular:

"NA VIDA, SEMPRE TEMOS UMA SEGUNDA CHANCE. PELA SUA PERSISTÊNCIA E CORAGEM, O CONTRATO ESTÁ RENOVADO. Assinado: *Phil Turner*".

Capítulo 20

FOCO NA SOLUÇÃO

Domingo, maio de 2013. Aeroporto *Heathrow, Londres, Inglaterra*. Um homem de aproximadamente 55 anos de idade desembarcou pela *British Airways*. Pegou sua mala e foi direto para o portão de saída. Apanhou um táxi. O trajeto levou em torno de 40 minutos até a área central da cidade, mais precisamente em *City Of Westminster*. Ali, registrou-se no luxuoso hotel *Great Northern*. No final do dia, foi até a livraria *Daunt Books*. Comprou alguns jornais da cidade e retornou ao hotel. Por volta das 18h00, foi até o *High Park* e fez sua costumeira caminhada.

Assim que voltou ao hotel abriu seu *laptop*, leu e-mails e conferiu sua agenda. Desceu às 20h00 para o jantar. Comeu seu prato de costume, o mesmo que pede sempre que vai a *Londres* visitar a sede da empresa na qual é diretor nos *Estados Unidos*.

Na manhã do dia seguinte, chegou às 08h00 na sede da empresa, que ficava na *Street Park*. O presidente mundial já o aguardava:

— *Bem vindo a Londres, Jim. Espero que tenha feito uma boa viagem.*

Jim retribuiu:

— *Bom dia, Dr. Arthur. Prazer em revê-lo!*

Arthur levou Jim para a sala de reuniões. Mostrou uma série de relatórios de despesas com eventos e reuniões. Disse que, no último semestre, foram gastos mais de U$ 300 mil dólares com reuniões e viagens dos executivos dos *Estados Unidos*. Arthur disse que o orçamento havia sido extrapolado e que Jim, como diretor da unidade daquele país, tinha que ter consciência de que não poderia mais gastar tanto com isso.

— *Suas equipes não podem continuar gastando desta forma com os encontros nas sedes americanas, Jim!*

O que deixou Arthur mais inconformado foi que, após avaliar todas as atas dos encontros e reuniões, nada de proveitoso foi tirado.

— *Fiquei perplexo, pois gastou-se muito nestas reuniões e não houve novas ideias ou estratégias!* – falou o presidente mundial da empresa. *Quero que você dê um jeito nisso. Se continuar assim, chegará facilmente a U$ 1 milhão de dólares apenas em despesas anuais com reuniões!*

Jim permaneceu quieto. Não abriu a boca.

Examinou os papéis em silêncio. Ficou atento a uma nota de despesa de uma reunião, a qual participou também. Ao verificar várias notas e demonstrativos, percebeu realmente que os gastos eram elevados.

Arthur pegou o telefone:

— *Mary, peça para nosso diretor financeiro vir até aqui.*

O diretor financeiro apareceu na sala com outros relatórios complementares. Eram relatórios de despesas com passagem aéreas.

— *Deveríamos ser mais criteriosos também com passagens aéreas. São valores muito altos.* – disse o presidente. *Faça um plano urgente sobre esta situação! Caso contrário, não serão mais permitidas reuniões presenciais nos Estados Unidos, pois além de pesar negativamente na sua avaliação anual, você poderá até perder o seu lugar na empresa. Executivos de valor são os que administram o dinheiro da empresa como se fosse deles.* – finalizou Arthur.

Jim ficou em silêncio. Parecia que um punhal havia atravessado seu peito. Ficou sem palavras, um pouco perdido. Seu rosto estampava claramente uma preocupação grande. Jamais tinha ouvido a frase "Trate o dinheiro da empresa como se fosse seu".

...

Na mesma noite, Jim fez seu *check-out* no *Great Northern*.

— *Aeroporto Heathrow, por favor.* – disse Jim ao taxista.

No trajeto até o aeroporto, fez uma ligação para sua secretária:

— *Antecipei meu voo de volta. Estou retornando agora mesmo para os Estados Unidos.*

Durante o voo de volta, Jim abriu seu *laptop*. Começou a disparar e-mails para todos os gerentes regionais dos *Estados Unidos*. Convocou a presença obrigatória de todos em *Nova York*, na quarta feira, às 17h00.

Após enviar os e-mails, Jim abriu e leu os relatórios e atas das reuniões dos seus gerentes dos últimos seis meses. Percebeu o excesso de reuniões e, praticamente, nenhuma ação conclusiva.

Apesar de ser um voo noturno, Jim trabalhou por toda a noite, chegando a incomodar seu vizinho de assento da *business class*.

...

Sete horas da manhã. O avião da *British Airways* pousou no aeroporto *John F.Kennedy*.

— *Por favor, para a Madison Avenue.* – disse ao taxista.

Jim desceu do táxi e atravessou a rua. Entrou no prédio onde ficava o escritório da empresa. Foi direto para sua sala. Meditou um pouco. Levantou-se, foi até a sala de um dos gerentes.

— *Hoje cedo mandei um e-mail para você e para os outros gerentes distritais. Você o recebeu?*

Seu gerente deu sinal que havia recebido.

...

Final do dia. São quase 17h00. Todos os gerentes distritais estavam acomodados na sala de reunião do hotel *Radisson*. Durante os primeiros 15 minutos de reunião, Jim narrou o que aconteceu em *Londres*. Todos os gerentes ficaram quietos. Ninguém abriu a boca. Explicou como ficou sem saída diante do presidente mundial. Mostrou os relatórios de gastos.

— *É um absurdo o que temos gastado com encontros e reuniões. Hotéis, passagens aéreas, jantares...*

Falou também sobre o ultimato que teve da matriz:

— *Meu emprego está em jogo! Não há como gastar mais dinheiro em reuniões sem proveito!* – disse antes de liberar as pessoas para um breve intervalo. *Vocês agora têm um intervalo de 10 minutos. Depois, seguiremos para a segunda parte da nossa reunião.*

Quando os gerentes retornaram para a sala, após o intervalo, se depararam com uma frase que Jim havia colocado em um quadro: "QUAL A SOLUÇÃO PARA ESTE PROBLEMA?".

— *A maioria das reuniões começa e termina sem foco na solução. É importante, em qualquer que seja a reunião, focar sempre na solução, e não no problema. Faremos uma campanha interna na empresa com a palavra solução. Vocês, que são gerentes e líderes, têm que ser os primeiros a pensar nisso. Todo funcionário que chegar com um problema, também terá que trazer uma solução. Não há problema sem solução!*

Um dos gerentes levantou a mão:

— *E como ficarão as reuniões mensais que faço com minha equipe?*

— *Não haverá mais reuniões mensais, ao menos por enquanto. Todas estão suspensas a partir desta data. Nosso intuito não é somente cortar custos, e sim, colocar nossas cabeças focadas na solução. A partir do momento em que vocês estabelecerem a campanha "foco na solução" nas regionais, o número de reuniões cairá, porque todos, de agora em diante, terão que ter foco na solução!* – respondeu Jim.

— *Sim, mas temos que despachar com as nossas equipes uma vez por mês, conforme nossa regra geral.* – falou outro gerente.

— *Esta regra já não vale mais. Portanto, sem reuniões mensais, pelo menos por enquanto.* – finalizou Jim.

A reunião terminou. O recado foi claro. As reuniões mensais estavam canceladas a partir daquele momento. Jim pediu que todos assinassem a ata do dia. Entregou para cada gerente, de um total de 23, um cartaz de fundo branco escrito: "QUAL A SOLUÇÃO PARA ESTE PROBLEMA?". Todos retornaram para sua região com este cartaz debaixo do braço.

...

Algumas semanas depois, Jim encontrava-se em seu escritório.

— *Posso passar uma ligação? É nosso gerente de San Diego que gostaria de falar com o senhor.* – disse sua assistente.

— *Sim!*

— *Jim, quero lhe agradecer. A nossa campanha aqui está um sucesso. Não há mais reuniões para discutirmos problemas que, muitas vezes, já poderiam ter sido resolvidos!*

Jim desligou o telefone e deu uma ordem para sua assistente que mudaria completamente o rumo da empresa:

— CATHERINE, POR FAVOR, PEÇA PARA COLOCAREM EM TODOS OS NOSSOS IMPRESSOS INTERNOS, NAS ASSINATURAS DOS NOSSOS E-MAILS, NOS CARTÕES DE VISITAS E NO QUE MAIS TIVERMOS, A SEGUINTE FRASE: "QUAL A SOLUÇÃO PARA ESTE PROBLEMA?". TODOS OS NOSSOS FUNCIONÁRIOS TERÃO QUE VER, AO MENOS UMA VEZ POR DIA, ESTA FRASE!

Capítulo 21

VOLTE ÀS ORIGENS

Nova York, Lexington Avenue, 2023, 20º andar. Frederick Jackson, presidente da maior empresa de vendas diretas do mundo, está em sua sala. Ao seu lado, encontra-se sua diretora de RH, Meg Foster. A reunião começou às 09h00 e já é quase meio dia. Frederick estava preocupado com seus líderes. Discutiu sobre o desempenho de todos eles e também dos sócios da sua empresa com a diretora.

Ele tinha em mãos exatamente 13 pastas individuais. Uma pasta para cada diretor ou sócio que atuavam com ele. Abriu uma a uma das pastas. Discutiu os pontos positivos e negativos de cada um. Porém, uma delas foi separada e deixada de lado.

— *Por que deixou esta pasta separada?* – perguntou Meg.

— *Esta pasta é de Richard Welch, nosso melhor e mais antigo diretor. Além de diretor, ele também é acionista com 1% da empresa. Depois falamos sobre ele.*

Assim que terminou a revisão das 12 pastas, começou a análise da pasta que havia sido separada, a de Richard Welch.

Frederick levantou-se, foi até seu armário e pegou um álbum com várias fotos.

— *Richard praticamente nasceu aqui. Sabe tudo sobre o negócio. Veja essas fotos dos inúmeros troféus que ele ganhou como vendedor e gerente. Depois disso, o transformei em sócio da empresa. Tudo por merecimento e esforço dele!* – disse Frederick para Meg.

— *Sim, mas por que o senhor está dizendo tudo isso sobre ele?*

— *O desempenho dele vem caindo muito. Veja os mapas de vendas.*

Meg examinou o mapa das vendas e ficou surpresa com o baixo rendimento.

— *Você acha que devemos afastá-lo da operação e deixá-lo somente como acionista?* – perguntou Meg.

— *Não sei se este é o caminho. Temos que ouvi-lo primeiro.*

...

Uma semana depois, Frederick estava em sua sala quando a secretária o interrompeu:

— *O Sr. Richard está aqui. Veio para a reunião que o senhor havia agendado.*

— *Richard, por favor, entre. Sente-se!* – recepcionou Frederick.

Frederick, então, falou sobre as conquistas de Richard durante seus 14 anos de empresa. Relembrou como ele começou. Falou dos dias difíceis e também dos prêmios que ele havia ganhado. Relembrou também o dia em que se tornou acionista da empresa com 1% das ações.

Depois disso, Frederick olhou nos olhos de Richard e disparou uma pergunta:

— *Tenho visto que o seu desempenho não está satisfatório. Você pode me dizer o que está acontecendo?*

Richard ficou atônito com a pergunta. Foi pego de surpresa. Levantou-se da mesa. Pediu para tomar uma água e retornou. Pensou um pouco antes de responder.

Disse que estava tendo dificuldades nos últimos três meses. Falou também que o mercado estava difícil. Argumentou sobre a tabela de preços e fez várias observações.

Frederick ouviu tudo atentamente e fez uma nova pergunta:

— *Além destas dificuldades, existem mais algumas?*

— *Não senhor, somente essas.*

Fez-se, então, uma pausa na sala.

— *Há alguns anos, Richard, seus olhos brilhavam e hoje já não vejo mais este brilho. Gostaria muito de abrir uma filial no Canadá e você seria o executivo-chave no comando da nossa empresa naquele país, mas não vejo mais os seus olhos brilhando.* – disse Frederick.

— *Como assim?*

— *São coisas simples. Antigamente, você chegava às 08h00. Atualmente, está chegando às 09h00, 09h30. Sua equipe também está percebendo essa mudança.*

— *Não havia pensado nisso.*

— *Há outra coisa também. Você se afastou do campo. Não o vejo mais sair com vendedores para visitar clientes. Muito pelo contrário, vejo você o dia todo no escritório. Não é possível que tenhamos tantos assuntos burocráticos para resolver o dia todo.*

O clima foi ficando tenso entre os dois.

— *Acho que o senhor está exagerando!*

— *Não estou, Richard. Lembre-se que você é acionista também. Você é proprietário. É importante dar o máximo de si dentro da função que combinamos que seria a sua. Você chegou ao topo. E agora, para manter-se no topo, é importante seguir a palavra-chave usada por outros empresários para se manter no topo.*

— *E qual é a palavra?*

— *Disciplina. Este é o segredo para um empresário ou diretor manter-se no topo. Alguns empresários, depois que chegam ao topo, acham que a empresa é que tem que servi-los, e não ele mais servir a empresa. Por isso muitos impérios desabam, por esta simples mudança de comportamento dos donos.* – respondeu Frederick.

— *Sim, mas o senhor acha que eu não tenho disciplina?*

— *Não é nada disso. O que quero dizer é que você parou de fazer coisas que fazia até chegar ao topo. Isso se chama ilusão do sucesso!*

Eles ficaram em silêncio. Tomaram um pouco mais de água e café. Conversaram mais um pouco.

— *Richard, você não é mais funcionário, você é dono deste negócio. Há a necessidade de comportar-se como dono. Não deixe de servir a empresa. Muitos empresários pecam nos negócios, pois acham que a empresa tem que servir a eles, e não eles servirem as empresas!*

Outra pausa.

— *Vamos deixar acordado que se você não voltar a fazer o que fazia antes, será afastado da empresa. Nosso contrato permite isso. Sou seu amigo e sócio. Preciso deixar bem claro: se for necessário, terei que afastá-lo da empresa e você continuará somente como acionista.*

Richard engoliu em seco. Ficou vermelho. Não sabia o que dizer. Pediu licença e saiu cabisbaixo da sala.

Passou em sua sala. Pegou sua pasta. Saiu sem despedir-se de ninguém. Foi para o subsolo. Entrou em seu carro e saiu rapidamente do estacionamento da empresa. Seguiu pela *Lexington Avenue* rumo a sua casa.

— *Chegou cedo! Aconteceu alguma coisa?* – perguntou sua esposa assim que chegou em casa.

— *Quero falar com você. Até porque, além de esposa, você é minha amiga.*

Foram para o escritório da casa, que ficava no primeiro andar. Richard contou tudo que aconteceu na sala do presidente. Disse que concordava com algumas coisas, com outras não, mas que estava preocupado, pois Frederick era um homem de palavra e disse que, se ele não voltasse a ser o que era, seria afastado.

Sua esposa tratou de acalmá-lo.

— *Você tem potencial, mas preciso ser sincera contigo. Acho que você se acomodou um pouco.*

...

Richard voltou para a empresa no dia seguinte. Pediu uma semana de férias a fim de repensar sobre sua vida e suas estratégias.

...

Uma semana depois. Richard chegou ao escritório às 06h30, como há muito tempo não fazia. Reuniu sua equipe de vendas às 08h30. Implantou uma série de regras e uma em especial: "Todos os dias estaria em campo com um dos vendedores de sua equipe". Colou na parede da sua sala uma agenda em tamanho grande, onde colocaria os dias em que sairia com cada um.

Falou com toda força e vontade para a sua equipe:

— *Quero dizer também que toda e qualquer reclamação de clientes, eu mesmo atenderei. Quero estar ao máximo na frente dos clientes.*

Tomou outra atitude inusitada:

— *A partir de hoje, não terei mais secretária. Minha secretária Beth será remanejada para outra área da empresa. Toda e qualquer ligação deverá ser passada diretamente para mim.*

Terminou a reunião de uma forma "agressiva", dizendo que estaria voltado 100% para resultados.

Apertou as mãos de todos da equipe. Aguardou cinco minutos. Subiu direto para o 20º andar.

— *Posso falar com o Sr. Frederick?*

A secretária disse que ele estava em reunião e sugeriu aguardar por 10 minutos.

Pouco tempo depois, Frederick saiu da sala e veio ao encontro dele. Richard explicou em pé mesmo tudo que mudou, as novas formas de administrar a sua equipe e como seria o seu dia a dia dali por diante. Frederick ouviu tudo atentamente. Apertou-lhe as mãos e lhe deu um tapinha no peito:

— *Você ainda é o grande menino que começou aqui, do nada!*

— *Agradeço a confiança. Estou trabalhando pesado e com disciplina. Ainda quero montar nossa filial no Canadá. Esse é o meu objetivo atual!* – respondeu Richard.

— *Sim, quem sabe um dia poderemos abrir nossa filial canadense!*

Eles, então, caminharam juntos pelo corredor do escritório. Desceram as escadas e, antes de se despedirem, Frederick olhou nos olhos de Richard e disse:

— *Nunca se esqueça: se quiser manter-se no topo, volte às origens. Nunca um empresário pode se esquecer de como chegou ao topo. É importante voltar às origens de vez em quando!*

E assim, despediram-se.

...

Dois anos depois.

Um avião da *American Airlines* está taxiando na pista do aeroporto *John F. Kennedy*. Posicionou-se para decolar com destino a *Toronto* no *Canadá*. O avião começou a acelerar na pista e decolou tranquilamente. Em pouco tempo, recolhe o trem de pouso. Quinze minutos depois, o aviso para soltar os cintos é acionado. Os passageiros sentem-se a vontade.

Na poltrona 1A está sentado um homem de terno preto, camisa branca e gravata preta. Ao seu lado, outro homem, aparentemente natural do *Canadá*.

O canadense, então, virou-se para o que estava de terno:

— Muito prazer, meu nome é Joe Smith. O senhor está indo a negócios para Toronto?

— SIM, MEU NOME É RICHARD. ESTOU INDO PARA MONTAR A FILIAL DA NOSSA EMPRESA NO CANADÁ!

Capítulo 22

DIFERENCIAL COMPETITIVO

Edílson Lopes

Cidade de *Woodbury*, distante 50 milhas de *Nova York*. Lugar pequeno, com apenas 50.000 habitantes. O hotel *Sheraton St. Paul* estava fechado para a reunião semestral de uma das maiores redes de lojas de varejo dos *Estados Unidos*. Estavam presentes gerentes das lojas de todo o país. Vieram acompanhados de seus familiares, uma exigência da matriz.

O hotel estava todo decorado para a reunião. Várias recepcionistas entregavam aos gerentes, logo na entrada, um folheto de boas vindas. Eles estavam apreensivos, pois os resultados não estavam bons.

Enquanto os hóspedes iam se acomodando, a gerente de eventos fazia a última checagem no luxuoso auditório, com carpetes vermelhos e cadeiras marrons, onde aconteceria o evento. O pé direito do salão era acima de cinco metros. As mesas estavam com toalhas brancas. Havia dois telões para projeção de imagens.

— *Este auditório é muito bom. A nossa presidente, Sra. Helen, gostará deste local!* – disse a gerente de eventos.

Ela, então, aproximou-se do operador de som:

— *Está tudo certo com o som para a palestra de nossa presidente logo mais?*

O operador, então, fez alguns testes de microfone, iluminação e som.

— *Sim, tudo certo!* – respondeu ele.

Por volta das 18h00, um automóvel *Mercedes Benz* prata parou em frente ao hotel. Do carro, saiu uma senhora aparentando cerca de 70 anos, elegantemente vestida e usando uma bolsa *Chanel*. Ela caminhou diretamente para o auditório onde aconteceria o evento.

Entrou no salão, foi cumprimentada por todos. Conversou cinco minutos com um dos seus gerentes e depois dirigiu-se ao palco. Iniciou a sua apresentação lendo os resultados do último semestre. Apresentou os números no telão. Pediu para um dos gerentes falar da sua região. Depois, chamou o diretor de planejamento estratégico, que falou por 10 minutos. Ela, então, retornou ao palco:

— *Já comuniquei os resultados do último semestre aos senhores, mas preciso falar de algo que está me perturbando. Nosso nível de reclamação por parte dos clientes está um dos mais altos de todos os tempos. Acho que vocês e suas equipes esqueceram que quem paga o nosso salário é o cliente.*

A plateia ficou chocada. Ninguém disse nada.

— *É vergonhoso termos nosso nome listado nos jornais ou órgãos competentes como uma das empresas que mais têm reclamações no nosso setor.*

A Sra. Helen continuou seu discurso:

— *Não é possível que vocês, como líderes e diretores, não possam resolver isso de uma vez por todas. Nosso nome vai para ralo, dia a dia. Não conseguiremos manter a liderança e nossa rentabilidade se continuarmos com este desastroso atendimento para com os nossos clientes!*

Ela continuou a falar de uma maneira firme e forte. Arrancou da bolsa um jornal, onde uma cliente publicou uma reclamação de uma das lojas.

— *Vejam isso! Não podemos deixar que isso aconteça!* – disse ela.

Nenhum dos gerentes ousou dizer nada.

— *Nosso objetivo é baixar para zero estas reclamações.*

Fechou a reunião desta forma. Desceu do palco com uma expressão de indignação.

— *A senhora ficará para o jantar com a equipe?* – perguntou sua assistente.

— *Não, tenho que voltar para Nova York. Peça desculpas a todos.* – respondeu a Sra. Helen.

Seu motorista já estava aguardando na saída do hotel. Sua assistente a acompanhou até a porta do carro. As duas se despediram e a Sra. Helen entrou, abaixou o vidro e disse para sua funcionária que ficara do lado de fora:

— *Realmente não posso ficar. Espero que nossos diretores achem um caminho para este desafio.*

O carro avançou pela *I-87* em direção a *Nova York*. A *Sra. Helen* e seu motorista conversaram sobre vários assuntos durante o trajeto.

Assim que eles se aproximaram de *Nova York*, a Sra. Helen falou:

— *Se há uma coisa que me irrita são reclamações de clientes. Não há coisa pior para um dono de empresa que ouvir um cliente reclamando.*

O motorista não falou nada, permaneceu calado.

...

Uma semana depois. Centro de *Newark*, cidade próxima a *Nova York*, 25º andar de um prédio com fachada cinza. A Sra. Helen encontrava-se dentro do setor de tele atendimento das suas lojas. Ali são recebidas milhares de chamadas por dia. Clientes com dúvidas, sugestões, etc. Ela escutou atentamente uma cliente conversando com um dos atendentes.

Uma hora depois, já havia percorrido mais de 20 estações de atendimento. Ela mesma atendia as reclamações. Durante sete dias seguidos, fez este trabalho.

Numa segunda feira, ela ligou logo cedo para sua assistente:

— *Andrea, por favor, necessito de uma passagem aérea para Seattle.*

— *Para quando?* – perguntou sua secretária.

— *Para amanhã. Primeiro horário. Tenho um almoço em Seattle com um amigo empresário.*

Terça feira. Helen desembarcou às 11h30 no Aeroporto Internacional *Seattle Tacoma*. Tomou um táxi e foi em direção à *Elliot Avenue*, em frente ao *Kerry Park*, propriamente para o *Canlis Restaurant*. Assim que entrou, foi saudada na porta pelo seu amigo e empresário Michael Thompson. Ele havia reservado uma mesa de frente para a *Bainbridge Island*.

— *Michael, preciso que me ajude.*

— *Conte comigo!* – respondeu ele.

— *Você é um dos maiores varejistas online do mundo. Como faz para ter um baixíssimo nível de reclamação dos clientes?*

— *Não é fácil, mas temos toda uma política de conscientização.*

— *Sim, mas somente isso não basta. Preciso entender mais!*

— *Preste atenção, você já parou para pensar que 90% das empresas treinam somente seu departamento de vendas?*

— *Sim, concordo.*

— *Aqui na nossa empresa é diferente. Não focamos nosso treinamento somente em vendas. Muito pelo contrário! Nosso foco é nos funcionários que não são vendedores.*

— *Como assim?* – perguntou ela.

— *Todos os departamentos são treinados e orientados para resolver os problemas dos clientes. Temos um trabalho de conscientização, onde o funcionário tem que entender que o cliente é quem paga o seu salário. Com certeza nossa equipe é um diferencial competitivo.*

— *Será que consigo implantar isto na minha empresa?*

— *Preciso ser sincero. Qualquer coisa que você for implantar na empresa, primeiro você, como empresária, tem que estar convencida do que quer. A maioria dos donos de empresas querem implantar coisas que eles mesmos não acreditam. Se realmente você quer ser uma empresária bem-sucedida, terá que transformar sua equipe em um diferencial competitivo. Não há um empresário bem-sucedido no mundo que a equipe não seja um diferencial competitivo.*

Ela tomou um pouco do vinho. Pensou e disse a ele:

— *Vou voltar para Nova York daqui a pouco. Algo mais para me falar?*

— *Helen, entenda uma coisa. A equipe é a cara do dono. Se você quer resolver o problema de reclamações de clientes, terá que entender que tudo depende de você.*

Ela começou a arrumar suas coisas para sair.

— *Ah, e não se esqueça. Jamais deixe de pedir avaliação para seus clientes após um atendimento. Isso é fantástico, até porque remuneramos os atendentes baseados nas avaliações dos clientes. Implante isso urgentemente na sua empresa e verá o resultado no dia seguinte.* – disse Michael.

...

Um dia depois, ela estava reunida com dois dos seus principais diretores. Explicou a conversa que teve com Michael. Retirou da sua gaveta um plano emergencial para a situação. Na capa da pasta estava escrito: "Transformando nossa equipe em um diferencial competitivo".

— *Nossos clientes têm que sentir prazer em serem atendidos por nossa equipe!* – disse ela.

Explicou que há empresas em que os clientes sentem prazer em fazer negócios pelo atendimento dos funcionários.

— *Vamos colocar avaliações em todas as ligações que recebermos. Antes de o cliente desligar, ele dará uma nota de 0 a 10 para o atendente. Faremos premiações para eles.* – ressaltou ela. *Teremos, um dia por mês, um encontro com o nome de 'Papo com o cliente'. Quero trazer clientes para visitarem nossa sede e conversar com nosso atendimento. Alguma dúvida, senhores?*

Todos ficaram em silêncio.

— *Podemos iniciar o plano e termos, daqui para frente, nossos funcionários como diferencial competitivo?* – perguntou a Sra. Helen.

Os diretores concordaram com o plano e parabenizaram-na.

— *DAQUI PARA FRENTE, NOSSA EQUIPE SERÁ UM DIFERENCIAL COMPETITIVO!* – afirmou ela.

Capítulo 23

CONSELHEIROS

Quase meia noite. Inverno, chuva e vento. No 20° andar de um edifício localizado na *Wall Street*, o empresário Alfred Morgan lia pela quarta vez o e-mail do seu assessor financeiro que terminava com a seguinte frase: "A situação da sua empresa não é boa.".

Alfred fechou seu computador, apagou as luzes, trancou a sala e chamou o elevador. O prédio estava deserto. O elevador chegou em 20 segundos. Assim que saiu na rua, apanhou o primeiro táxi e pediu ao motorista para deixá-lo na *Times Square*.

Desceu na *8th Avenue* e foi direto para o restaurante *Sard's*, na *44th Street*.

— *Não pegamos mais pedidos neste horário.* – disse o garçom assim que ele tentou entrar no restaurante.

Começou, então, a caminhar pela *Times Square*. O frio foi ficando mais intenso. As luzes todas iluminavam aquele quarteirão. Um visual deslumbrante. Havia poucos turistas naquele horário. Viu o luminoso do *Hard Rock Café*. Tentou entrar, mas também foi informado de que não estava mais aberto. Tentou mais dois restaurantes e nada.

Saiu, então, caminhando pela *7th Avenue* e, quando chegou na *45th*

Street, avistou o hotel *Night Times Square*. Passou pela recepção. Desceu as escadas de madeira até o subsolo, onde se encontrava o *american bar*. Um ambiente todo de madeira escura no piso, paredes e teto. Algumas luzes do teto estavam envoltas por um globo marrom. Um abajur no canto iluminava o ambiente.

Caminhou até o balcão do local. Somente ele e o garçom estavam no bar naquela hora.

— *Uma dose de Jack Daniels, por favor.* – pediu Alfred.

O garçom atendeu prontamente o pedido. Bebeu uma dose. Estava claramente desanimado. O e-mail do seu assessor financeiro não saia de sua cabeça.

Pagou a conta, subiu as escadas e apanhou um táxi em direção a sua casa.

...

Manhã do dia seguinte. Ligou cedo para o seu irmão:

— *A última frase do meu assessor financeiro ainda está na minha cabeça.* – disse para seu irmão ao telefone.

— *E que frase é essa?* – perguntou o irmão.

Alfred abaixou a cabeça e respondeu:

— *A situação da sua empresa não é boa.*

Do outro lado da linha, o irmão ficou mudo e depois perguntou:

— *Como assim não é boa?*

— *Oras, é ele quem me dá assessoria financeira. E após análise dos últimos seis meses, o mesmo informou que estou em sérias dificuldades.*

— *Sinto por você, meu irmão. Somente quero lhe fazer uma pergunta.*

— *Qual é?*

— *Você tem certeza de que está mesmo em sérias dificuldades? Você verificou os números, dados e informações?*

— *Foi o que ele me disse. Ele deixou claro que terei que enfrentar um período turbulento nos meus negócios. Desde que fundei a minha empresa, é a primeira vez que me encontro nesta situação. Eu não estava preparado para isso!*

— *Olha, acho que, primeiramente, você deve cuidar da sua autoestima, pois se ela for para baixo, dificilmente você se reerguerá. Saiba que a primeira quebra de um empresário é emocional, e não financeira!* – disse o seu irmão.

— *Como assim?* – perguntou Alfred.

— *Quando um empresário está em um período turbulento com sua empresa, a primeira quebra que ele tem é a emocional. E com o fato de estar abalado emocionalmente, dificilmente conseguirá se reerguer. Portanto, cuide da sua autoestima!*

Alfred desligou o telefone. Saiu de sua casa diretamente para a empresa.

Meia hora depois entrava em seu escritório. Estava pensativo. Foi direto para sua sala. Ligou o computador. Passou o dia todo trabalhando em silêncio.

...

Duas semanas depois. Era um sábado. Alfred passeava pelo elegante bairro do *SoHo*. Entrou em uma livraria. Começou a verificar as estantes a fim de achar algo interessante. Viu um livro com o título: "Superando obstáculos nos negócios". Retirou o livro da estante. Foi para um salão reservado. Começou a ler algumas páginas. Abriu exatamente na página 145. Título do capítulo: "Mergulhe intensamente no seu trabalho".

Começou a ler o capítulo dentro da livraria. O autor descreveu casos de empresários que perderam tudo por deixarem sua autoestima cair. As palavras do autor praticamente entraram no coração dele. Por diversas vezes leu a seguinte frase no capítulo: "Mergulhe intensamente no trabalho. Encare os desafios.". Então, pensou: *"Vou mergulhar intensamente no meu trabalho daqui por diante!".*

...

Um dia depois. Levantou-se mais cedo do que estava acostumado. Tomou seu café, foi para a academia, voltou e partiu direto para o escritório. Chegou bem cedo, no mesmo horário que chegava quando começou a sua empresa. Estava mais animado que nos dias anteriores.

Parecia outra pessoa. Estava ativo, vitaminado e, acima de tudo, determinado a resolver os desafios.

— *Ele está diferente!* – diziam os funcionários.

— *Ele é o primeiro a chegar e o último a sair!* – diziam outros.

Alfred começou a trabalhar arduamente. Trabalhava 12, 14 horas por dia. Enfrentou os problemas de frente.

Em certo momento, recebeu a ligação de um amigo:

— *Alfred, tenho um jantar com um empresário muito bem-sucedido hoje. Quer ir comigo?*

— *Onde será e que horas?*

— *Será no restaurante Balthazar, às 20h00.* – respondeu o amigo.

— *Estarei lá!*

...

Restaurante *Balthazar*. No horário combinado, Alfred encontrava-se no local.

Durante o jantar, ouviu a seguinte frase do milionário que acompanhava o seu amigo:

— *Se você focar, a solução aparece.*

— *Como assim?* – perguntou ao milionário.

— *É muito simples. Quando os empresários estão passando por dificuldades, eles colocam energia e foco nos problemas. Desta forma, a autoestima cai assustadoramente. Eles acabam se abatendo. Mas se o foco estivesse na solução, com certeza a autoestima seria outra.*

— *Seguirei seu conselho. Daqui pra frente, não esquecerei mais disso: se você focar, a solução aparece!*

A partir daquele momento, Alfred seguiu rigorosamente o conselho do milionário. Enfrentou todos os problemas de frente, um a um. Em todas as reuniões que participava para discutir detalhes da sua empresa, sempre se lembrava da frase: "Se você focar, a solução aparece.". Mudou radicalmente sua postura diante dos desafios.

...

Um ano depois.

— *Sr. Alfred, é seu irmão no telefone. Posso passar?*

— *Sim, claro!*

Ele conversou durante quase uma hora com seu irmão. O mesmo queria saber como ele reverteu todo o processo em que estava.

— *Eu encarei tudo de frente. Claro que houve muita dor, mas eu já sabia que haveria dores.*

— *Sim, mas alguma estratégia especial?*

— *Mentalmente sim. Quando estou no fundo do poço, relembro das minhas vitórias. Isso me fortalece. Relembrar aquilo que eu já havia conquistado somente me fortaleceu. Minha autoestima voltou de uma forma extraordinária!* – disse Alfred.

— *E o que mais você fez?* – perguntou o irmão.

— *Agora eu tenho conselheiros. São pessoas que me ajudam a tomar decisões na empresa, principalmente decisões estratégicas, pois são elas que levam os empresários ao sucesso ou ao fracasso.*

— *E isso o ajudou?*

— *Não só me ajudou, como me fez ficar ainda mais forte. Ter conselheiros é imprescindível na vida de um empresário. Na verdade o empresário não tem que ter um conselheiro, e sim vários conselheiros!*

Eles desligaram. Em dois minutos, um e-mail chegou para Alfred. Era do seu irmão:

"ORGULHO DE VOCÊ!"

Capítulo 24

O SUCESSOR

Hospital *Mount Sinai*. Lado leste do *Central Park*. Considerado um dos melhores hospitais do mundo. Um homem, aparentando 65 anos, entrou carregado em uma maca. Ao seu lado um rapaz com, no máximo, 21 anos. O homem estava ofegante. Sua respiração não estava normal. Foi imediatamente socorrido pelos médicos. Levaram-no para a emergência.

Quarenta minutos depois. Um médico saiu da sala:

— *Apenas cansaço, fadiga. Vamos liberá-lo, mas ele terá que ficar em casa de repouso.* – disse o médico para o filho.

Uma semana depois, Benjamin Salomon estava em sua casa, na região de *Long Island*. Estava repousando, conforme orientações médicas. Seu advogado foi visitá-lo.

— *Bom te ver, Benjamin!* – disse o advogado.

— *Agradeço sua visita.* – respondeu ele.

O advogado ajeitou-se em uma cadeira. Retirou um bloco de anotações da sua pasta.

— *Preciso ser sincero contigo. Está na hora de preparar o seu sucessor. Seu império precisará de um sucessor.* – disse para Benjamin.

— *Eu ainda estou novo!*

— *Sabemos disso, mas está na hora de colocar alguém para dividir o dia a dia com você.*

Benjamin levantou-se. Caminhou pelo gramado verde do seu magnífico jardim ao lado da piscina. O dia estava muito bonito. Fazia calor. Era verão nos *Estados Unidos*.

Então, voltou-se para seu advogado:

— *Vou pensar e lhe retorno.*

Acompanhou o mesmo até o portão de saída da sua mansão de cinco mil metros quadrados.

— *Muito obrigado pela visita!* - despediu-se.

Voltou caminhando lentamente. Sentou-se na poltrona. Olhou para o céu. O dia estava muito bonito. Não havia nuvens no céu. Estava tudo limpo. Fechou os olhos e lembrou-se de um conselho que um dos seus mentores havia lhe dado quarenta anos atrás:

— *SE VOCÊ QUER PREPARAR ALGUÉM PARA FICAR NO SEU LUGAR, PENSE QUE A MELHOR FORMA DE FAZER ISSO É ENSINAR TUDO QUE APRENDEU PARA AS PESSOAS. ENSINE O MÁXIMO POSSÍVEL DE PESSOAS E TERÁ UM GRANDE NÚMERO DELAS PARA SUCEDÊ-LO!*